G.A. BREDERO, SPAANSE BRABANDER

TEKST IN CONTEXT
Onder redactie van Yra van Dijk en Hubert Slings
Redactie voor dit deel: Jeroen Jansen

Voor hun adviezen en ideeën danken de samenstellers studenten van de UvA: Daniel Bauer, Romy Beck, Edo Blaauw, Douwe Brouwer, Lisa Brouwer, Michelle Hoekstra, Floortje Grooten, Charlotte Lehmann, Elise van Schaik, Anique Schoot, Bart Siekman, Annemaartje van Strien, Mark Visscher, Tessa Wijckmans en Jessica Witte. Deelnemers aan de Mastercourse 'Toppers van toen' (januari 2016, Illustere school, Universiteit van Amsterdam) zorgden voor kritische reflectie over de opzet van dit deel. Deelaspecten werden beoordeeld door Johanna Ferket, Folkert Kuiken en Jean Wagemans. In het bijzonder danken we Marijke Blankman voor het verzorgen van de beeldredactie, en Lia van Gemert die de hele kopij kritisch doorlas en van commentaar voorzag.

De reeks *Tekst in Context* is ontwikkeld voor gebruik in het voortgezet onderwijs. Met behulp van aanpassingen in de dosering en de docering is de reeks op tal van manieren inzetbaar: zowel voor havo 4/5 als voor vwo 4/5/6, zowel voor klassikale behandeling als voor zelfstudie.

Bredero's Spaanse Brabander is het dertiende deel in de reeks *Tekst in Context*. Eerder verschenen:

1 *Karel en Elegast* (samenstelling Hubert Slings)
2 *Jacob van Maerlant* (samenstelling Ingrid Biesheuvel en Frits van Oostrom)
3 *Reinaert de vos* (samenstelling Hubert Slings)
4 *Wilhelmus en de anderen* (samenstelling Marijke Barend-van Haeften, Karel Bostoen, Lia van Gemert en Marijke Meijer Drees, m.m.v. Louis Peter Grijp en Camerata Trajectina)
5 *Verhalen over verre landen* (samenstelling Karel Bostoen, Marijke Barend-van Haeften en Mirjam Roos, m.m.v. Marijke Meijer Drees en Lia van Gemert)
6 *Warenar* (samenstelling Lia van Gemert en Marijke Meijer Drees, m.m.v. Karel Bostoen en Marijke Barend-van Haeften)
7 *Walewein* (samenstelling Petra Barendregt, Noor Bloem en John Verbeek)
8 *Faust* (samenstelling Jef Jacobs, Vincent Laarhoven, Ad van der Logt en Myra Nijhof, m.m.v. Johannes Muller)
9 *Max Havelaar* (samenstelling Peter van Zonneveld, m.m.v. Helene Hermans en Christianne Lemckert)
10 *Sara B., een rebelse vrouw uit de Verlichting* (samenstelling Marleen de Vries, Karel Bostoen en Lia van Gemert, m.m.v. Rianne Bos en Arien op 't Land)
11 *Vondels Joseph, een bijbelse tragedie* (samenstelling Lia van Gemert, Sabine Muller, Marijke de Vos en Roland de Bonth)
12 *Hildebrand, Camera Obscura* (samenstelling Rick Honings en Peter van Zonneveld, m.m.v. Özlem Gölpunar)

G.A. Bredero, Spaanse Brabander
Immigratie, armoede en bedrog in de Gouden Eeuw

TEKST IN CONTEXT 13

Naar Gerbrand Adriaensz. Bredero, *Spaanschen Brabander*

Samengesteld door Jeroen Jansen, Saar Postma en Marijke de Vos

Amsterdam University Press
2017

Lay-out: Adriaan de Jonge, Amsterdam
Ontwerp omslag: Kok Korpershoek, Amsterdam
Omslag afbeelding: Floris Claesz. van Dijck, *Stilleven met kazen*, ca. 1615 (Rijksmuseum, Amsterdam), detail

ISBN 978 94 6298 281 9
e-ISBN 978 90 4853 285 8
NUR 621

© Jeroen Jansen, Saar Postma, Marijke de Vos / Amsterdam University Press B.V., Amsterdam 2017

Alle rechten voorbehouden. Niets uit deze uitgave mag worden verveelvoudigd, opgeslagen in een geautomatiseerd gegevensbestand, of openbaar gemaakt, in enige vorm of op enige wijze, hetzij elektronisch, mechanisch, door fotokopieën, opnamen of enige andere manier, zonder voorafgaande schriftelijke toestemming van de uitgever.

Voor zover het maken van kopieën uit deze uitgave is toegestaan op grond van artikel 16B Auteurswet 1912 j° het Besluit van 20 juni 1974, Stb. 351, zoals gewijzigd bij het Besluit van 23 augustus 1985, Stb. 471 en artikel 17 Auteurswet 1912, dient men de daarvoor wettelijk verschuldigde vergoedingen te voldoen aan de Stichting Reprorecht (Postbus 3051, 2130 KB Hoofddorp). Voor het overnemen van gedeelte(n) uit deze uitgave in bloemlezingen, readers en andere compilatiewerken (artikel 16 Auteurswet 1912) dient men zich tot de uitgever te wenden.

De uitgeverij heeft ernaar gestreefd alle copyrights van in deze uitgave opgenomen illustraties te achterhalen. Aan hen die desondanks menen alsnog rechten te kunnen doen gelden, wordt verzocht contact op te nemen met Amsterdam University Press.

Inhoudsopgave

Voor je begint... 7
Bredero's *Spaanse Brabander* 7
Taal en spelling 7
Opbouw van dit boek 8
Verwerking van de stof 9

1 Een armoedige praatjesmaker stelt zich voor... 10
Context 10
Een Spaanse roman 10
Een Spaanse Brabander of een Brabantse Spanjaard? 11
Wanneer speelt het verhaal zich af? 12
Het eerste bedrijf 13
Context 25
Leentjebuur met woorden 25
Noord en Zuid in stereotypen 27
Anachronismen 28
Gerbrand Adriaenszoon Bredero (1585-1618) 29
Een bijzondere vriendschap 30

2 Eindelijk wat te eten! 32
Het tweede bedrijf 32
Context 48
Zorg voor de armen 48
Stad van de betaalde liefde 49

3 Wat moeten we hier met al die buitenlanders 50
Het derde bedrijf 50
Context 64
Lui van buiten 64
Gastarbeiders 65
Kom er maar in! 65
Voor de wind 67

4 Drukke zaken! 69
Het vierde bedrijf 69
Context 75
Toneelopvoeringen in Amsterdam 75

5 De vogel is gevlogen 77
Het vijfde bedrijf 77
Context 87
Stevig applaus gevraagd 87
Wie gauw gelooft, is gauw bedrogen 87
Eind goed al goed? 90

Opdrachten 93
Voor wie meer wil weten 103
Verantwoording 107
Begrippenlijst 109

Voor je begint...

Bredero's Spaanse Brabander
Dit boek gaat over de *Spaanse Brabander*, een toneelstuk uit 1617 van Gerbrand Adriaenszoon Bredero (1585-1618). De trotse Jerolimo is de 'Spaanse Brabander' uit de titel: een Brabander van Spaanse afkomst. Jerolimo raakt verzeild in Amsterdam, waar hij iedereen bedriegt met wie hij te maken krijgt. Je ziet het: die Spanjaarden kun je echt niet vertrouwen! En Brabanders zijn ook een vreemd volkje. Hoe reageren de Amsterdammers op Jerolimo's praktijken?

Bredero is een van de beroemdste schrijvers uit de Gouden Eeuw. Zijn toneelstuk de *Spaanse Brabander* wordt superpopulair en trekt de hele 17de eeuw volle zalen. En dat terwijl het verhaaltje rond deze Jerolimo nogal simpel is. Het geheim van het succes zijn niet alleen de losse scènes tussendoor, waarin allerlei Amsterdammers over hun leven vertellen en zichzelf karakteriseren, maar ook de tijdloze thema's van het stuk: de armoede die in brede lagen van de stadsbevolking heerst, het bedrog dat iedereen kan treffen, en dan de vele immigranten, een megaprobleem. Met beeldrijke taal weet Bredero de alledaagse werkelijkheid op te roepen. Amsterdam werd overspoeld met vluchtelingen uit omringende gebieden. De auteur laat vooral mopperaars aan het woord die een arm en somber Amsterdam ervaren.

Taal en spelling
Bredero gaf zijn toneelstuk een vrije vorm: hij schreef op rijm maar maakte versregels van verschillende lengte met een nogal los metrum (ritmisch patroon). Hoe dat eruitzag, kun je zien in de 17de-eeuwse versie van de *Spaanse Brabander* op de website van de Digitale Bibliotheek der Nederlandse Letteren: www.dbnl.org. Om je een idee te geven van de oorspronkelijke tekst hebben we in het eerste hoofdstuk een fragment hiervan opgenomen (p. 25).

De 17de-eeuwse taal is voor ons niet zo gemakkelijk. De spelling wijkt af en veel woorden zijn anders dan in het hedendaagse Nederlands. Bredero laat de meeste personages een volkstaal spreken, het dialect van de gewone Amsterdammers. Veel woorden zijn gespeld op de manier waarop ze moesten worden uitgesproken. In dat taaltje zitten allerlei volkse woorden en uitdrukkingen, zoals: 'hier wordt honger gebakken en dorst gebrouwen' (r. 487), en: zijn haren 'krullen as 'n wijnstok' (r. 507). Daarnaast spreekt de hoofdpersoon Jerolimo onvervalst Antwerps, dat anders klinkt dan het Amsterdams en veel leenwoorden uit het Frans heeft: ''t Is wel 'n schoêne stad, maôr 't volkske is te vies. In Brabant zaain de lieden gewoênlijk exquis [...]' (r. 1-2).

We hebben de tekst vertaald naar modern Nederlands, zonder rijm. We zijn wel heel dicht bij de oorspronkelijke tekst gebleven. In de vertaling hebben we het dialect verwerkt, zodat je nog steeds een echte Antwerpenaar en echte Amsterdammers aan het woord hoort. Als je een stukje tekst hardop leest, zul je veel woorden al begrijpen. Het Amsterdams herken je aan kleine aanpassingen in losse woorden, zoals *mot* in plaats van 'moet', *an* voor 'aan', *ken* voor 'kan', en *gekommen* voor 'gekomen'. Zoals je in het citaat hierboven al kunt zien, hebben we het Antwerps van Jerolimo iets sterker aangezet. Met een klein beetje oefening kom je een heel eind, vooral als je onderstaand lijstje in gedachten houdt.

Modern Nederlands	Antwerps	Voorbeeld
oo	oê	schone - schoêne
ei/ij	aai	zijn - zaain
aa	aô	maar - maôr
ee	iê	geleend - geliênd
oo	eu	koninkjes - keuningskes
a/e	ae	Antwerpen - Aentwaerpen

Daarnaast hebben we, net als Bredero, typisch Vlaamse woorden gebruikt: *schoêne* voor 'mooie', *plezant* voor 'aangenaam', *meskes* voor 'meisjes'. Vlaamse verkleinwoordjes eindigen meestal op -ke, zoals *liedeke, liefke*. Sommige woorden zijn aaneengeschreven: 'had gij' wordt *haddie*, 'gaat ge' wordt *gadde*. Hardop lezen maakt het veel gemakkelijker te begrijpen wat er staat.

Bredero's toneelstuk is lang. We hebben een aantal scènes samengevat. Ook hebben we soms wat regels overgeslagen. Als het hier om grotere tekstdelen gaat, hebben we dat met haken [...] aangegeven in de tekst. De versnummers uit het oorspronkelijke toneelstuk zijn gehandhaafd. Bredero geeft nauwelijks regieaanwijzingen. Voor de duidelijkheid hebben we die toegevoegd.

Portret van Gerbrand Adriaensz. Bredero, met boven zijn hoofd zijn levensmotto: ''t Kan verkeeren'. Dat betekent: 'Alles kan zomaar veranderen', een verwijzing naar de wisselvalligheid van het leven. De ets is van Hessel Gerrits.

Opbouw van dit boek

De *Spaanse Brabander* is een toneelstuk in vijf bedrijven: vijf afgebakende gedeelten die vergelijkbaar zijn met de hoofdstukken in een roman. Die bedrijven vormen ook de vijf hoofdstukken in dit boekje. De scène-indeling van Bredero binnen de bedrijven is gehandhaafd. In het stuk worden die scènes 'tonelen' genoemd. Op de gele bladzijden staat de tekst van Bredero's toneelstuk.

Aan ieder van de vijf bedrijven hebben we een aantal thema's gekoppeld. De context-gedeelten op de blauwe bladzijden geven je achtergrondinformatie over de thema's. In de toelichting bij het eerste bedrijf worden het toneelstuk en de auteur Bredero geïntroduceerd. Je krijgt hier ook uitleg over drie literaire middelen die voor het hele toneelstuk van belang zijn: bijzonder taalgebruik, stereotypen en anachronismen. Het tweede bedrijf plaatst twee aspecten van de historische context van Amsterdam op de voorgrond: de stedelijke ondersteuning van armen en zieken, en prostitutie. In het derde bedrijf staat immigratie centraal, een belangrijk thema in het toneelstuk. Het vierde bedrijf geeft informatie over toneelvoorstellingen in de 17de eeuw. In het vijfde bedrijf bespreken we het literaire genre van de *Spaanse Brabander*. Aan het eind besteden we ook aandacht aan de manier waarop wantrouwen en bedrog door het hele toneelstuk verweven zijn en de afloop ervan bepalen.

Kaders geven uitleg over moeilijke woorden en begrippen in het stuk. De rood gedrukte woorden in de tekst en in de toelichting zijn belangrijke begrippen die worden uitgelegd. Je vindt ze terug in de *Begrippenlijst* op pagina 109. Daar kun je gemakkelijk de bladzijde opzoeken waar meer informatie over een bepaald begrip staat. Verder is een beknopte literatuurlijst opgenomen: *Voor wie meer wil weten*. Je kunt deze lijst ook gebruiken bij een werkstuk.

Verwerking van de stof

Achter in het boek staan opdrachten. Ze zijn verdeeld over de vijf hoofdstukken met hun thema's, zodat je iets kunt kiezen wat je interesseert. Ook zijn er vragen die over het verhaal als geheel gaan. Om die te kunnen beantwoorden moet je dus het hele toneelstuk hebben gelezen.

Er zijn drie soorten vragen, bedoeld om verschillende vaardigheden te ontwikkelen. De A-vragen dienen om belangrijke onderwerpen samen te vatten en te controleren of je hebt begrepen wat er staat. De B-vragen toetsen niet alleen het begrip van de stof maar geven je ook de mogelijkheid die toe te passen. De C-vragen zijn bedoeld voor een persoonlijke visie op de stof en een creatieve verwerking ervan waarin jouw bijdrage centraal staat. Met de C-vragen oefen je ook vaak andere onderdelen van het vak Nederlands, zoals spreek- of schrijfvaardigheid, argumentatie en tekstbegrip. Bij opdrachten met een G kun je in een groep samenwerken. Het boekje is ook te gebruiken in combinatie met andere vakken, zoals ckv, drama, economie, geschiedenis en maatschappijleer.

Het is handig om in overleg met je docent één of meer thema's of hoofdstukken te kiezen voor je aan het boek begint, zodat je al tijdens het lezen aan het werk kunt. Spreek met je docent af hoe je de antwoorden inlevert, bijvoorbeeld in een dossier.

1 Een armoedige praatjesmaker stelt zich voor...

Een Spaanse roman
Bredero heeft niet alle gebeurtenissen in de *Spaanse Brabander* (1617) zelf bedacht. Een deel ervan ontleende hij aan de Nederlandse vertaling van de Spaanse **schelmenroman** *Lazarillo de Tormes* (*De kleine Lázaro uit het gebied van de rivier de Tormes*) uit 1554. Er bestond in die tijd nog geen copyright, dus je mocht voorbeelden vrij gebruiken, zoals je zelf wilde. In een schelmenroman is de hoofdpersoon een bijdehante maar goedaardige jongen die een bestaan leidt aan de onderkant van de samenleving. In veel gevallen is de jongen een weeskind dat zonder de bescherming van een normaal gezin opgroeit en van het ene in het andere hachelijke avontuur terechtkomt.

Vanaf het eerste moment dat de roman verscheen, smulden de Spaanse lezers van het verhaal over de arme Lázaro die in dienst treedt van slechte en krenterige bazen. De jongen praat met veel **ironie** over zijn ervaringen en bekritiseert de schijnheiligheid en bekrompenheid van zijn meesters. Ironie ontstaat doordat iemand het tegenovergestelde zegt van wat hij meent, en zo de spot drijft met iemand of iets.

De titelpagina van de Spaanse schelmenroman La vida de Lazarillo de Tormes: de sus fortunas y adversidades. M.D.liiij. *(Het leven van de kleine Lázaro van Tormes: zijn voor- en tegenspoed. 1554.)*

Vaak heeft dat een humoristisch effect. Zo vertelt Lázaro met veel enthousiasme over zijn 'mooie' ervaringen terwijl iedereen weet dat die eigenlijk heel teleurstellend zijn. Zijn wereld bestaat uit honger en overleven. Het derde hoofdstuk van de schelmenroman gaat over de dag dat Lázaro een trotse maar vriendelijke edelman ontmoet. Die edelman, bij Bredero wordt hij 'Jerolimo' genoemd, is zelf ook straatarm en eet van wat Lázaro bij elkaar bedelt. Lázaro beschouwt hem als zijn nieuwe meester. Dit hoofdstuk kiest Bredero uit om er een heel toneelstuk van te maken. De belevenissen van Jerolimo en zijn knechtje Robbeknol (= Lázaro) volgen in grote

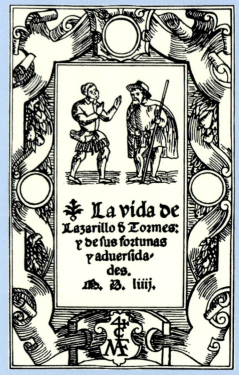

lijnen de avonturen van het Spaanse voorbeeld zoals dat in dit hoofdstuk van de roman wordt verteld. Ook Bredero strooit met ironie. Zo laat hij de straatarme edelman Jerolimo over zichzelf opscheppen terwijl Robbeknol zijn meester achter diens rug om belachelijk maakt. Het publiek vond het prachtig.

Een Spaanse Brabander of een Brabantse Spanjaard?

Bredero kende geen Spaans. Hij las de schelmenroman *Lazarillo de Tormes* in een vertaling. Omdat *Lazarillo* in Spanje zo populair bleek, was de roman namelijk in verschillende talen vertaald, waaronder het Nederlands. Die Nederlandse vertaling verscheen in 1579. In de ondertitel van de vertaling wordt reclame gemaakt voor het boek. Het zou de sluwheid van de Spanjaarden laten zien. Iedere Nederlander was daar nieuwsgierig naar in een periode dat zijn land in oorlog was met Spanje, een strijd die bekend zou worden als de **Tachtigjarige Oorlog.** Ook Bredero heeft het erover in de samenvatting van zijn *Spaanse Brabander*, die voorafgaat aan het toneelstuk. Hij begint als volgt:

Onder de weinige Spanjaarden die écht wat kunnen, is de schrijver van de roman Lazarillo de Tormes *volgens mij een van de beste. Hij wijst namelijk duidelijk de gebreken van zijn landgenoten aan en bespot die. Bij Jerolimo is dat bijvoorbeeld de hoogmoed. Die eigenschap lijkt Spanjaarden aangeboren. Maar omdat we hier in Amsterdam geen Spanjaard hadden, of liever omdat we geen Spaans begrijpen, hebben we de namen, plaatsen en tijdsomstandigheden vanuit een Spanjaard naar een Brabander overgebracht. Het Brabantse volkje lijkt namelijk nogal op de Spanjaarden.*

Ook Bredero's lezers kennen geen Spaans. Daarom maakt hij van de Spanjaard uit zijn brontekst een Brabander, en specifieker een Antwerpenaar. Nou, die verstaan de Amsterdammers wel. De auteur kan via de Antwerpenaar Jerolimo ook de talloze **immigranten** uit de Zuidelijke Nederlanden op de hak nemen, die volgens hem even arrogant zijn als de Spanjaarden. Luister maar naar hun dialect, zegt Bredero. Dat Brabants klinkt ook behoorlijk pronkzuchtig, met al die sjieke Franse **leenwoorden**. Zó werd er volgens hem gesproken in het hertogdom **Brabant**. Dit gebied was een deel van de Zuidelijke Nederlanden en omvatte de drie huidige Belgische provincies Vlaams-Brabant, Waals-Brabant en Antwerpen, de stad Brussel en de tegenwoordige Nederlandse provincie Noord-Brabant.

De belangrijkste stad in dit hertogdom was Antwerpen. Jerolimo komt er net vandaan. Hij is een berooide, katholieke edelman met een Spaans klinkende naam. Zijn vader is een Spanjaard en zijn moeder Nederlands. Met wat hij zegt en doet, en vooral ook met de manier waarop hij het zegt, bluft hij zich een weg door Amsterdam. Welk effect heeft dit gehad op de toeschouwers en lezers in Bredero's tijd? Waarschijnlijk hadden ze weinig sympathie voor die verwaande vent. Maar ze konden ook hard om hem lachen. Wat een poeha! Jerolimo bevestigde het beeld dat de Hollanders hadden van de typische zuiderling: hoogmoedig en pronkzuchtig.

Bredero en zijn stadsgenoten kenden

Jerolimo was een Brabander, maar met Spaanse trekjes. Hoe stelde Bredero zich die Spanjaarden voor? Informatie over kleding uit alle windstreken van de wereld kon je in boeken vinden als het Dracht-Toneel *(Catalogus met klederdrachten). Dit boek was in 1601 in Amsterdam uitgegeven door de uit Antwerpen gevluchte Zacharias Heyns. Deze afbeelding uit het boek van Heyns toont een 'Spanjaard op de oude wijze', dus een ouderwets geklede Spanjaard.*

de vluchtelingen uit Brabant uit hun directe omgeving. In de tijd dat Bredero het stuk schreef, was ongeveer een derde van de Amsterdamse stadsbevolking van Zuid-Nederlandse afkomst.

Waarschijnlijk heeft hij op school ook les gehad van zo'n Brabander, want veel onderwijzers en leraren kwamen uit de Zuidelijke Nederlanden.

Wanneer speelt het verhaal zich af?

In de samenvatting van het stuk vertelt Bredero dat het verhaal zich in een vroegere periode afspeelt, 'tijdens de pestepidemie van meer dan veertig jaar geleden'. Het laat dus het Amsterdam uit de jaren zeventig van de 16de eeuw zien, wanneer die ziekte om zich heen grijpt. De pest vormt ook de donkere achtergrond van armoede en ontbering in het spel, een tijd waarin de Amsterdammers nog naïef blijken te zijn. De personages laten een kleingeestig Amsterdam anno 1570 weerklinken. Alles draait er om geld, geld en nog eens geld. De toeschouwers zien de Amsterdamse kleinburgerlijkheid van lang geleden, een *ander* Amsterdam, dat zich nog moest bewijzen. Een deel van de problemen uit die vroege tijd was inmiddels opgelost. De stad was in de tussenliggende jaren veel groter en rijker geworden, de handel bloeide, en de sociale voorzieningen, zoals de opvang van armen, wezen en bejaarden, waren verbeterd. Amsterdam kende in 1617, toen de *Spaanse Brabander* in première ging, heel veel immigranten, dus daar keek men nauwelijks meer van op. Maar zou in dat jaar dan ook de bekrompenheid en naïviteit van de Amsterdammers tot het verleden hebben behoord? De toeschouwers zullen het graag hebben geloofd.

TEKST

Personagelijst
Bredero geeft een lijst van personages in de volgorde waarin ze moeten opkomen. Voor de duidelijkheid zet hij erbij wat hun aard of beroep is.

Jerolimo Rodrigo – de **jonker**
Robbeknol – de knecht
Floris Harmensz. – de knecht die de honden uit de kerk houdt
Jan Knol, Andries Pels en Harmen – oude mannen, burgers
Trijn Jans en Bleke An – twee prostituees
Trijn Snaps, Els Kals en Jut Jans – oude vrouwen
Een vrouw die huilt om haar pas overleden man
Beatrijs – handelaarster in tweedehands goederen en huwelijksmakelaarster
Gierige Gerard – de huiseigenaar
Notaris, met z'n assistent, en twee deurwaarders
Balich – een tinnegieter
Jasper – een goudsmid
Joost – de buurman
Otje Dikmuil – een schilder
De **schout** met zijn knechten

Het verhaal speelt zich af gedurende een aantal dagen en vindt plaats in het centrum van het oude Amsterdam, tussen de Kloveniersburgwal en de Dam.

HET EERSTE BEDRIJF
*Als het gordijn opengaat, loopt een straatarme edelman in elegante maar versleten kleren het toneel op. Het is 1570. Jerolimo is al een tijdje in Amsterdam maar verbaast zich nog steeds over wat hij ziet. Met een zwaar Antwerps dialect spreekt hij over zijn ervaringen in de stad. Die zijn niet positief. Nee, neem dan zijn Antwerpen. Jerolimo's opschepperij over de machtige en rijke wereldstad Antwerpen moet de toeschouwers in 1617 vreemd in de oren hebben geklonken. Misschien kon je in 1570 spreken van een bloeiende stad, maar in 1617 is het echt gedaan met die macht en die rijkdom. Iedereen weet dat Antwerpen zwaar onder de Spaanse bezetting te lijden heeft gehad sinds Spaanse troepen de stad na een lange belegering in 1585 hebben ingenomen: de **Val van Antwerpen**. Daarna heeft Amsterdam de rol van belangrijke handelsstad overgenomen. Maar zover is het dus nog niet in Bredero's stuk…*

Eerste toneel:
Jerolimo

1 't Is wel 'n schoêne stad, maôr 't volkske is te vies.
In Brabant zaain de lieden gewoênlijk exquis
In kleding en in dracht, dus naôr de Spaônse mode,
Als klaaine keuningskes of zichtbaôre goden.
5 O, kaaizerlaaike stad Aentwaerpen groôt en raaik,
Geen plaôts onder de zon is aên oe gelaaik,
In overvloed van klaaigrond, in schoênhaaid van landeraaien,
In triomfante kaerken, in devote kloêsters, in statige gebouwen,
In massieve muren, vol lanen met plezante bomen,
10 In kades en dammen, waôr langskes
De brede rivier stroêmt, 't waôter van de Schelde,
Da raaikt tot veurbaai de Meir. Als 'k oe eens vertelde
Maain avontuurkes met de meskes in herberg De Beer,
Betteke en Maaike, en oêk hun moôie nicht Klaôr,
15 Die trip-trap over straôt met zulk getippel veurtgaôt,
Da men haar beschouwt als de paôrel van de Lepelstraôt
En van de rosse buurt. Jaô, ze zaain zeer gracieus.

Jerolimo vertelt hoe hij in Antwerpen door zijn eigen schuld failliet is gegaan.

25 Als 'k met al die meskes nie gefuifd had,
Dan was 'k in Aentwaerpen nie zo schandaôlig bankroet gegaôn.
'k Was daôr in goeie doen, 'k had wel zeventig paôr ondermouwen.
(*Hij wijst op zijn armen*) Maôr maain schuldaaisers lieten maai slechts deze behouwen.
En verder gaf 'k hun alle huisraôd die 'k hier in Amsterdam van maain buurkes
30 Heb geliênd. 'k Vriêsde voor de schout in Aentwaerpen,
Want wanniêr maain schulden bekend zouwe worden,
Dan haddie maai in 't gevang of met maain voeten aôn 'n aaizeren blok gelegd.
'k Hoêr liever 't melodieuze vogelgezang
Dan de walgelaaike, stinkende boeien met hun aaizeren klank.
35 Als maain buurkes maai aônspriêken om hun uitgeliênde spullen terug te aaisen,
Dan zal 'k hen wel afpoeieren met 'n leugentje of met 'n klaainighaaidje.
'k Heb hun spullen nu baainâ 'n maônd (of wat meer) in maain bezit gehad.

De Antwerpse Meir was oorspronkelijk een meer in een moerassig gebied. Vandaar de benaming 'Meere' (Meir). In de 16de eeuw werd het een brede, voorname laan aan de rand van het oude centrum, ver van de Lepelstraat, waar de Antwerpse prostituees woonden. Aan de Meir verrezen prachtige woonhuizen en er lagen talrijke kloosters en kerken. De 17de-eeuwse Antwerpse schilder Erasmus de Bie laat zien hoe druk het in deze laan kon zijn. Op de achtergrond is de toren van de kathedraal te zien. Tegenwoordig is de Meir een sjieke winkelstraat.

Mouwen

Jerolimo schept op over het aantal **ondermouwen** dat hij bezat: wel zeventig paar. Hij bedoelt kanten mouwen die met knopen of spelden aan een **wambuis** (overhemd) werden bevestigd. Je kon je kleding gemakkelijk afwisselen door steeds een paar andere mouwen aan je wambuis vast te knopen.

D'r zaain veel goeie mensen in deze stad
Die in goe vertrouwen hun goederen aôn anderen uitliênen,
40 Die d'r dan, zoals ik, mee vandoêr gaôn.

Jerolimo blijkt een bedrieger die naar Amsterdam is gevlucht. Daar heeft hij dure spulletjes 'geleend' en er zijn Antwerpse schuldeisers mee tevreden gesteld. Als die 'domme' Amsterdammers ze weer terugvragen, zal Jerolimo ze afpoeieren. Wat zijn dat toch naïeve uilskuikens! Jerolimo wijst naar een bord naast het toneel waarop het motto *van het stuk te lezen is: 'Al zie je de mensen, je kent ze daarom nog niet'.*

Want hoewel men de mensen (zoals hier staôt) allemaôl ziet,
Men kent daôrmiê nog nie hun hart en kwaôlitaaiten.
't Wordt taaid da we die botmuilen, die uilskuikens, 'n lesje leren.
45 Maôr allée! 'k Heb geen taaid, 'k kan nie werkeloês toezien.
Want als 'k me raaik voordoe, dan moet maain schoêne kleding wel goe zichtbaôr zaain!

Jerolimo gaat naar binnen om zich nog 'rijker' te kleden.

Tweede toneel: Robbeknol, Jerolimo

Dan komt een arme volksjongen het toneel op, in een oude jas vol gaten. Hij is op zoek naar werk, want zijn maag rammelt.

Robbeknol
Zo lang as 'k d'r gewond uitzag met 'n doek om m'n kop,
Kreeg 'k, as 'k bedelde, altijd wel iets van de mensen.
Maar nou ze zien dat 'k gezond en kiplekker ben,
50 Gaat 't van: 'Donder op, luie bedelaar, ga toch werken!
Je bent jong en gezond. Wie jou wat geeft, is nie wijs.
We kennen beter medelijden tonen an de echte armen.'
Wat mot 'k nou doen? Iets pikken wil 'k nie, daar walg 'k van,
Want al is 't 'n mooi kunstje, 't ken je je kop kosten.
55 Knecht van iemand zijn, ja dat zou kennen. Dan had 'k zeker te eten
En was 'k van de straat. Dan had 'k tenminste wat te doen.

Schout

De **schout** was in de 17de eeuw het hoofd van de politie. Maar die functie hield wat anders in dan tegenwoordig. Want de schout kon ook wetsovertreders aanklagen en voor het gerecht brengen. En hij was tegelijkertijd voorzitter van de rechtbank. Samen met de **schepenen** (medebestuurders) handhaafde hij de openbare orde in de stad.

Hollanders zijn botmuilen!

Jerolimo heeft het niet begrepen op de inwoners van het gewest Holland (ongeveer de provincies Noord- en Zuid-Holland van nu). Hij scheldt ze uit voor **botmuilen**, domkoppen die geen sierlijk Vlaams maar **bot** Hollands spreken. Dit was een bekend verwijt. Hollanders zouden dom zijn en weinig manieren hebben. Daarmee verschillen ze van bijvoorbeeld de Brabanders en Vlamingen, die voor veel hoffelijker doorgingen omdat ze nauwere contacten onderhielden met hoge adellijke personen aan de Franse en Italiaanse vorstenhoven. Het publiek weet natuurlijk beter. Kijk wie het zegt!

    Kende 'k maar 'n rijke heer, dan zou 'k 'm graag dienen.

Jerolimo komt stijlvol naar buiten, in een broek met kwasten eraan en een glinsterende degen aan z'n zij.

    Allemachtig, wat 'n kwasten heb die jonker an z'n benen,
    Wat is-ie opgedoft, wat mooi uitgedost met dat wapen.

Jerolimo
60   Hoêr eens, manneke, zoekt ge 'n miêster?

Robbeknol
    Zeker weten, meneer.

Jerolimo
    Wel, kom dan baai maai, 'k zal oe van alles goe voôrzien.
    'k Twaaifel d'r niet aôn of ge hebt 'n goe gebedje gezegd vanmorgen.
    Want Onze-Lieven-Heer heeft oe met maai 'n goe miêster gegeven.

Robbeknol
    En *ik* zal voor jou, meneer, 'n goeie dienaar wezen.

Jerolimo
65   Hoe is oe naôm?

Robbeknol
    Robbeknol, tot je dienst.

Jerolimo
    Ge zaait 'n nette jongen.
    Van waôr zaaide ge?

Robbeknol
    Waar 'k vandaan kom? Van Emden, verdorie.

Jerolimo
    Ha ha, 'n Emder schaaitlaaister! Waôrachtig, da's fraôi.

Emden

Jerolimo gedraagt zich als een echte katholiek en spreekt bijvoorbeeld over 'Onze-Lieven-Heer'. De herkomst van Robbeknol wijst op een protestantse achtergrond. Het Noord-Duitse havenstadje **Emden** ligt tegenover Delfzijl aan de Eems. In de 16de eeuw trokken er veel protestantse vluchtelingen uit de Nederlanden naartoe om aan de vervolgingen van de katholieke Spaanse terreur (bijvoorbeeld die van de **hertog van Alva**) te ontkomen. De inwoners van Emden werden voor 'potschijters' (schijtlijsters) uitgemaakt. Misschien werden ze zo genoemd omdat ze waren gevlucht in plaats van te vechten tegen de Spanjaarden.

Robbeknol
> Ja, ja, zeg jij maar niks. De Amsterdammers en Brabanders kennen d'r ook wat van.

Jerolimo
> Ja, daôr hedde gelaaik in. Hedde nog ouders, of hedde ze verloren?
> 70 En wa deden ze veur de kost?

Robbeknol
> M'n vader was 'n geboren Fries,
> Uit 't Friese Bolsward. En m'n moeder kwam van Alkmaar.
> Pas na veel avontuurtjes en gedoe kregen ze mekaar.
> M'n vader was 'n molenaar en m'n moeder trok rond met 'n dekstier.
> Ja, al zeg ik 't zelf, ze was behoorlijk goed in d'r vak.
> 75 Ze kon al van veraf zien of 't lukken zou of nie.
> Maar dat doet d'r nou nie toe. Toen gebeurde 't, jonker,
> Dat m'n vader, slimme Piet (ja, 'k zeg 't je maar zo as 't is),
> Uit de korenzakken van de bakker meer nam as 'm toekwam.

Een molenaar mocht een deel van het meel zelf houden als loon voor zijn werk.

Jerolimo
> Die fout komt vaôk veur, da's in dit land normaôl.

Robbeknol
> 80 De molenaars, meneer, denken daar nou heel anders over.
> Ze maken 't nie meer zo bont. Hoe dan ook, dankzij advocaten
> Werd m'n vader niet in 't openbaar gegeseld en uit de stad verbannen.
> Toen nam-ie krijgsdienst bij de Spanjaarden, in de oorlog hier.
> 'k Weet nie wat-ie hun angedaan heb, maar ze draaiden 'm 'n loer
> 85 Waaran-ie gestorven is. As m'n moeder Aaltje Melis van z'n dood hoorde,
> Ging ze met mij en d'r spullen hier naar Amsterdam,
> Ze huurde 'n huisie en ze hing 'n bord an de gevel:
> 'De Graaf van Emden',
> Daar kon je voor geld overnachten. Ze waste de hemden en kleren van de schippers,
> Die ze te **bleken** legde op de open stukken grond.
> 90 Daarna, jonker, kreeg ze verkering met 'n stalknecht van de **hertog van Alva**.

Uit de geheime verhouding tussen de moeder van Robbeknol en de donker getinte stalknecht wordt een zoontje geboren, het stiefbroertje van Robbeknol. Na een jaar of twee krijgt de baas van de stalknecht argwaan. Er zijn spullen verdwenen. Daarom houdt hij zijn knecht scherp in de gaten.

> 132 Ze loerden op 'm en kregen 'm in de smiezen,
> Hoe die haver en hooi roofde, en wattie stal en jatte
> An leidsels, rijlaarzen, sporen, kwasten, en
> 135 Dekkleden, berenvellen, en ander spul, te veel om op te noemen,
> Zoals de bitten, ja zelfs de hoefijzers van de paarden,
> Die die dan an de smid en de voerlui verkocht voor de halve prijs.
> En thuis stal-ie al wat los of vast zat, zowel koper as tin,
> Van zilveren lepels, tot bekers, borden en schotels...

*De moeder van Robbeknol bleekte de hemden van de schippers. Na het wassen was het linnen vaak nog gelig. Door het op een open (gras)veld uit te spreiden en te laten drogen in de zon kon het **bleken** en kreeg het een frisse geur. Deze prent werd in 1608 gemaakt door de Amsterdamse kunstenaar Claes Janszoon Visscher, een talentvol etser.*

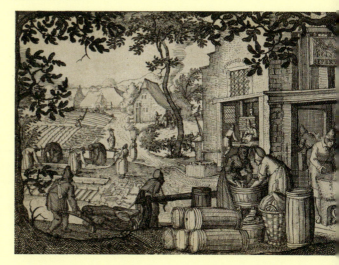

140 Om je de waarheid te zeggen, al vóór z'n geboorte was-ie 'n dief.
En as je vroeg waar 't was gebleven, dan deed-ie of z'n neus bloedde, of zei dat 't zoek was.
En dat deed-ie allemaal uit liefde, om m'n moeder en broer te eten te geven.
Verbaast 't je dan dat zo veel mensen 't zelfde doen,
Dat ze uit liefde voor hun maîtresses hun eigen baas bestelen
145 En met 't geld naar de hoeren gaan, en daar lekker de blommetjes buitenzetten?
Daarna werd 'k door 'n list gepakt en uitgehoord.
Wat most 'k doen, meneer? Uit angst zei 'k alles wat 'k wist,
Dat m'n moeder de spulletjes tegen de hoogste prijs had verpatst.
Pas toen ze me uitgehoord hadden, lieten ze me lopen.
150 Toen grepen ze die stalknecht, m'n stiefvader, bij z'n lurven,
En ze ontkleedden 'm van top tot teen. Ze namen gloeiend vet
En lieten 't brandend over z'n rug druipen.
Hij kronkelde as 'n aal, maar d'r an ontkommen kon-ie nie.
Hij most 't lijdzaam verdragen, al deed 't gruw'lijk pijn.
155 De rechtbank verbood m'n moeder, door te dreigen met straf op 't schavot,
Om nog ooit met deze man om te gaan,
Of men zou 't haar vreselijk afleren.
Brandend vet, dacht m'n moeder, dat bevalt me niks,
'k Ga me eige nie zo roekeloos in de ellende storten.
160 Toen heb ze d'r eige, om an alle roddel te ontkomen en op 't rechte pad te blijven,
Heel netjes in 't **armenhuis** voor mannen teruggetrokken.
Daar werkte ze voor nop, maar in 't echt om d'r te kennen eten, wat dacht je!
En ook ik heb daar toen m'n brood verdiend, zo goed as 't ging.
Dan liep 'k naar de artsen of naar de ap'theker om drankies te halen,
165 Of naar de dokters voor zalf of andere boodschappen voor de zieken.
Daarna ontmoette 'k 'n betweterige, zeurderige en verzuurde blinde man,
Die vroeg of 'k z'n begeleider wilde wezen. Hij bepraatte m'n moeder zo
Dat ze me bij die vervloekte vent in dienst liet gaan.
Och, jonker, 'k zou 'n jaar werk hebben om je te vertellen
170 Wat 'n verdriet 'k daarvan soms heb gehad.
Jerolimo
Nu Robbeknol, kalm aôn, stil maôr, kereltje, wiês nu maôr rustig,
En dank Onze-Lieven-Heer veur zaain milde genaôde.

Alva

De Spaanse **hertog van Alva** is vooral bekend door zijn rol in de **Tachtigjarige Oorlog** waar hij zijn bijnaam 'de IJzeren hertog' aan dankt. Van 1567 tot 1573 was hij landvoogd van de Nederlanden, een bestuursfunctie als vertegenwoordiger van de Spaanse vorst Filips II. Hij verbleef aan het **hof** in Brussel. In de ogen van de Nederlanders was Alva een hoogmoedige tiran die met harde hand regeerde. Hij probeerde de 'ongehoorzame' Nederlanden in het gareel te krijgen door mensen uit alle lagen van de bevolking te vervolgen en aan verhoren te onderwerpen. Een groot deel van hen werd veroordeeld wegens verraad of omdat ze niet het katholieke geloof aanhingen, en meer dan duizend mensen werden daarom ter dood gebracht.

Ge zaait hier precies goe terechtgekoêmen op deze plek,
Want 'k zal oe raaikelaaik geven alles wat oe maôr ontbriêkt.
175 Iên ding spaait me, en da's dagge zoê bot Ollands spriêkt.
O, de Braôbantse taôl, jaô die is groêts, staôtig, en vol perfectie,
Zo vriendelaaik, zo liêvendig, zo zoet en zo vol zuiverhaaid
Da men 't nie met woêrden kan uitdrukken. 'k Zou d'r duizend pond veur oêver hebben
Als gij ze net zo goe als ik of als 'n Braôbants kind kon spriêken.
180 'k Zweer oe baai God, ge moet 't Oud-Ollands vergiêten.
Want wie ons verstaôt, die verstaôt alle taôlen.
Was oe moeder nog maôgd, dan liet 'k oe als 'n Braôbander geboêren worden.
Onze taôl is 'n mengelmoes, zonder vergelaaik of evenbeeld,
Ze kan in zuiverhaaid in de verste verte nie vergeliêken worden met 't Ollands.

Robbeknol (ironisch)
185 Ja, ja, 't is 'n mooie mengelmoes, dat ken je wel zeggen.
Jullie hebben bij de Fransen, Spanjaarden en Italianen heel wat afgekeken.
De Brabanders lijken op de Engelsen of op spreeuwen, die hebben van alles wat.

Jerolimo
Sjiêzus! Wa zaain hier harsenloêze domkoppen in de stad,
Die leven zoê eenvoudig en simpelkes, en als ze iets opschraaiven, dan is 't onnoêzel.

Robbeknol
190 Me hoela! Zou je dat lelijke Brabants zuiveren
Of uitschudden, net zoals de kruijeniers met hun kruijen doen,
'k Wed, zo waar as 'k leef, dat d'r de helft nie van overbleef.
As 't hof van Brussel nou 's alle buitenlandse woorden afschafte,

*Jerolimo prijst het Brabants omdat die taal een mooie **mengelmoes** is en dus niet te vergelijken valt met het Hollands. Spottend kan Robbeknol dat bevestigen. Het Brabants is inderdaad een samenraapsel van allerlei **leenwoorden** uit het Frans, Spaans en Italiaans. Daarom is het gelukkig niet vergelijkbaar met het Hollands, maar wel met spreeuwen! Hun veren weerkaatsen allerlei kleuren en zijn duidelijk gespikkeld. Heel mooi natuurlijk, maar Robbeknol vindt dat zo'n allegaartje een taal armetierig maakt.*

Zodat elk woord in z'n eigen land blijft waar 't thuishoort,
195 Wat zouwe d'r dan 'n hoop afvallen: jemig, hoe kaal
Zouwe die brabbelaars dan staan te kijken met hun armetierige taaltje.
Maar nou zijn die woorden hier zo ingeburgerd dat je niet meer zonder ken,
Al hielpen je alle geleerden, de professoren en doctoren van Leuven en van Leiden.

Jerolimo
Stommeriken dagge zaait! Stel maôr iênskes 'n notariële akte op.

Wat blijft er nog van over?

Als het Brabantse dialect gezuiverd zou worden van buitenlandse woorden bleef er nog niet de helft van over (r. 192). Jerolimo en zijn knechtje ruziën over welk dialect beter is: het Brabants of het Hollands. Robbeknol vergelijkt het zuiveren van het Brabants met het uitschudden van kruiden, zoals de kruideniers doen. In een **vergelijking** worden het (letterlijk bedoelde) object en het beeld (de figuurlijke aanduiding) beide genoemd en met elkaar verbonden met een woordje als *zoals*. Brabants en kruiden hebben op het eerste gezicht niets met elkaar te maken, maar volgens Robbeknol delen ze een eigenschap. Zowel het Brabants als kruiden kunnen worden gezuiverd, en van beide blijft dan weinig over.

Het zuiveren van kruiden gebeurt tegenwoordig machinaal. In de 17de eeuw werd daar een brede mand met kleine gaatjes voor gebruikt. Daar werden de kruiden in gedaan. Door stevig te schudden en de inhoud steeds omhoog te gooien bleef het zuivere product over.

De uitdrukking 'het kaf van het koren scheiden' betekent: het waardeloze van het waardevolle scheiden. Op deze prent van Jan Luyken uit 1710 waait het kaf weg als het koren wordt opgegooid.

---

200 Ge weet niks van de daôr gebruikelaaike termen. Oe schraaift alliên maôr Ollands.
Onze notarissen en secretarissen begraaipen perfect de gerechtelaaike uitspraôken.
202 Ja 't is 'n zeer baaizonder volkske.
[…]

Jerolimo raakt niet uitgepraat over de buitengewone kwaliteiten van Vlaamse dichters. Zulke voortreffelijke schrijvers hebben de Hollandse botmuilen toch niet.

Robbeknol *(trekt een raar gezicht)*
219 Nee, zie die Vlamingen niet over 't hoofd, meneer, wat je ook doet!

Jerolimo
221 Basta! Hou oe mond.
Trek oêk giên grimassen met oe gezicht, maôr kaaik vriendelaaik zoals ik.
Ach, 't staôt zo fraôi als men parmantig en gracieus veurtgaôt.
[…]
240 Nou, 'k moet naôr de mis gaôn, bij de nonnen in 't kloêster.
Maôr wat 'k oe vraôgen wou, smaait ge oêk met geld?
Niks is zoê goe als da men spaôrzaôm rondkomt.

Brussels hof

Vanuit het **hof** van Brussel werden de Nederlanden in de 16de eeuw geregeerd door landvoogden, zoals de Spaanse **hertog van Alva**. De voertaal was er Frans. Door het hoge aanzien van dit bestuurscentrum had het Frans zich stevig in de Nederlandse volkstaal genesteld. Veel schrijvers uit de Noordelijke Nederlanden, onder wie Bredero, meenden dat de Brusselse hofcultuur er mede schuldig aan was dat zo veel Franse **leenwoorden** in het Nederlands waren doorgedrongen.

In de rechtspraak worden nog steeds Franse termen gebruikt (denk aan: 'arbitrage', 'crediteur', 'faillissement', 'rekest'). Dat was in de 17de eeuw niet anders. Ondanks alle pogingen van de **taalpuristen** om de taal te zuiveren, verschenen er veel geschriften vol leenwoorden. Dat geldt ook voor de **notariële akte**, een juridisch bewijsstuk. In zakelijke brieven van notarissen en juristen tref je dan ook veel leenwoorden aan. De bekende auteur Pieter Corneliszoon Hooft (1581-1647) schreef in zijn literaire werk zo zuiver mogelijk Nederlands. Maar zijn ambtelijke brieven die hij als drost (bestuursambtenaar) van Muiden schreef, staan bol van de Franse woorden. Kijk maar eens naar de volgende zin uit een brief (1621) van Hooft. Hij richt zich tot een belangrijke notaris en schrijft hem dat vriendschappen die al op jonge leeftijd zijn ontstaan, meestal oprecht en intiem zijn (tussen vierkante haken staat de betekenis van het Franse woord).

Het schijnt dat de vriendschappen, waarvan 't *fondament* [de basis] gelegd is in de jeugd, een tijd die hun met *fard* [geveinsdheid] noch *artificie* [gekunsteldheid] verder kan helpen, en de gemoederen *apparieert* naar [laat aansluiten bij] *sijmpathie* [gelijkgezindheid] van hun *naifve* [onbevangen] gevoelens, gesteund worden door meer dan gewone *confidentie* [vertrouwelijkheid].

Het Brusselse hof rond 1570. Ets van Claes Janszoon Visscher.

Zuinighaaid gaôt boêven alles! 't Is biêstachtig om
    viêl te eten en te drinken.
*Robbeknol (in zichzelf, denkt aan zijn vorige gierige
    meesters, die hem ook weinig te eten gaven)*
    Dat is 't ouwe liedje. 'k Weet maar al te goed wattie
        nie heb.
245 Nee, 'k geloof nie dat 'k voor 't geluk ben geboren,
247 De duivel helpt me altijd an dit soort gierigaards.
Jerolimo
    Wa staôt ge daôr te mompelen?
Robbeknol
    Och, meester, helemaal niks.
    Niks, niks, noppes, hoor. 'k Ben geen grote eter, we
        zullen wel iets te bikken krijgen.
Jerolimo
250 'n Ui, en nog iên, 'n sniêtje broêd, en twiê vaaigen,
    Da's 'n luxe maôltaaid.
Robbeknol
    Nou, 'n botje waar nog vijf, zes pond vlees an
        kleeft,
    Zou ook nie misstaan. En as d'r dan 'n paar kannen
        bij zijn
    Met Dantziger bier of met dat sterke bier uit Rostock,
    Dan ken 'k 't wel uitzingen voor 'n uurtje of vier.
255 Da's iedereen met me eens, tenminste voor zover ze
    't kennen.
Jerolimo
    Wa doen de lieden anders dan da ze de maôltaaid
        wegschrokken en 't geld verkwisten?
    De soberhaaid is 'n deugd, waôrmiê niks te
        verg'laaiken is.
Robbeknol
    Dus in goed Nederlands: kijk uit dat je nie veel eet.
    [...]
Terwijl Jerolimo de Hollanders afschildert als luidruchtige drinkebroers en de Brabanders ophemelt als beschaafde eters wrijft Robbeknol over zijn lege maag.
279 Och man, 'k heb zo'n honger, 'k wou dat ik al an 't
        smullen was.
280 M'n buik gaat tekeer as of ze m'n keel hebben
        dichtgeknepen.

Bier uit Polen

Dantziger bier en sterk bier uit Rostock waren in Amsterdam bekend door de intensieve handel met de landen rond de Oostzee. Dantzig (de huidige Poolse stad Gdansk) en Rostock (in het noordoosten van Duitsland) waren Hanzesteden. Steden die tot het verbond van de Hanze behoorden, onderhielden speciale handelscontacten en gaven elkaar voordelen. Ook veel Nederlandse steden, vooral in de oostelijke gewesten, waren lid van de Hanze, zoals Nijmegen, Deventer, Harderwijk en Zwolle.

Jerolimo
    Nou ja, laôten we ter kerke gaôn bij Onze-Lieve-
        Vrouwenbroeders en de mis baaiwonen.
    En daôrnaô zullen we zien wa veur vliês of vis we
        zullen koêpen.
Robbeknol
    Goed plan, daar praat je naar m'n zin.
    Och priestertje, priestertje, snel nou, dan krijg 'k wat
        te eten.
[...]
In de volgende scène treiteren twee jongens de oude Floris, die toezicht houdt op de kerk en het kerkhof. Floris jaagt de jongens bij de kerk weg. Hij moet nog het lichaam ophalen van iemand die aan de pest is overleden. Er heerst een epidemie.

Vierde toneel:
Floris, Jan Knol, Andries, Harmen

Bij het kerkhof houden drie oude mannetjes Floris staande. Durft hij wel het huis van de dode binnen te gaan? Natuurlijk, antwoordt Floris, want pas als het je tijd is, zul je overlijden. Aan de pest valt immers toch niet te ontkomen, of je nu rijk bent of arm. Die laatste opmerking levert weer nieuwe gespreksstof op.
    [...]

Floris
    Hoor 's, Jan Knol, weet je wel dat onze Harmen, die onbehouwen pummel, bankroet is?
    As-ie geen uitstel van betaling had gekregen, stond-ie d'r slecht voor.

Jan
355   Luister 's, koopman van gebakken lucht, luister 's goed, beste man!
    Ben jij vroeger niet ook bankroet gegaan, in Westfalen?
    'k Bedoel dat je d'r vandoor bent gegaan zonder de mensen te betalen,
    En dan heet 't nog dat je om de Heilige Schrift je land heb verlaten.
    Maar in waarheid om de schrift die in 't kasboek stond.

Jan windt zich vreselijk op. Hij verwijt Floris niet alleen dat hij uit het Noord-Duitse Westfalen is weggetrokken zonder de mensen bij wie hij schulden had fatsoenlijk te betalen, maar ook dat hij zogenaamd vanwege de Heilige Schrift (de Bijbel) naar Amsterdam is gekomen. In werkelijkheid zou hij niet vanwege zijn geloof zijn gevlucht maar om wat er in zijn kasboek stond, dus om economische redenen.

367   'k Ben nie bang voor iemand die bankroet is gegaan.
    Maar wat heb 'k 'n bloedhekel an dat soort lui! Zelfs as 'k d'r maar één in m'n familie had
    Die met opzet op 'n bankroet anstuurde, 'k zou 'm hangen as 'k kon.
370   Maar men knoopt wél duizend kruimeldiefjes op die hun eige uit armoe hebben vergist
    En die nie half zo veel hebben gestolen as zo'n schurk.
    As 'n mens schade heb door andermans schuld, of door tegenslag op zee,
    Of door andere rampen, met hem heb 'k zeker meelij,
    Of wiens geld door hun boekhouder of kassier wordt verduisterd of gejat,
375   Ja, die mensen zijn oprecht te beklagen.

Harmen
    Zeker weten!

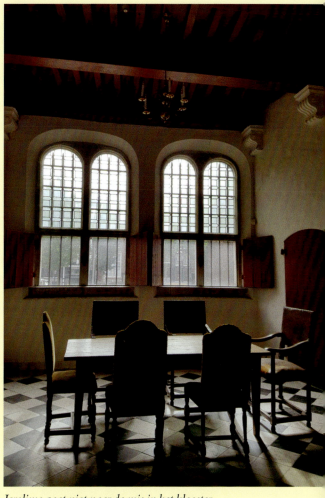

*Jerolimo gaat niet naar de mis in het klooster, zoals hij van plan was (r. 240), maar naar de Oude Kerk. De broederschap van **Onze-Lieve-Vrouwe** bestond uit een door de katholieke kerk goedgekeurde vereniging van geloofsgenoten die niet tot de geestelijke stand behoorden. Ze hadden een eigen altaar in de Oude Kerk. De ruimte waar de broederschap samenkwam, de Collegekamer (1571), kun je daar nog steeds bewonderen.*

Failliet

Ook Harmen is **bankroet** (failliet) gegaan. Jan legt uit dat er verschillen zijn. Je hebt mensen die *noodgedwongen* bankroet gaan, namelijk wanneer ze vanwege ongelukkige omstandigheden zoals een scheepsramp failliet zijn gegaan. En er zijn *opzettelijke* bankroetiers, mensen die door hun eigen schuld in de problemen komen en misbruik maken van andermans vertrouwen. Dat is een heel ander soort, volgens Jan. Die zouden ze moeten opsluiten of uit de stad verbannen.
In het voorwoord van de *Spaanse Brabander* maakt Bredero precies hetzelfde onderscheid. Daar zegt de auteur:

Ik beken het. Ik kan onmogelijk gewetenloze lieden die zich opzettelijk en zonder noodzaak bankroet laten verklaren, gaan knuffelen of naar de mond praten. Dat doen veel bedriegers en schurken wél: ze delen in de buit of lijden aan dezelfde kwaal. Ze gaan heel gemakkelijk de ene of de andere dag failliet en kiezen dan het hazenpad. Ik mag dan wel een man van weinig aanzien zijn, maar ik ben toch wel zo verstandig dat ik weinig opheb met een bedrieger die zo'n verdomde schurkenstreek uithaalt. Ook beklaag ik de mensen met wie het door tegenslagen slecht afloopt.

Bredero neemt het dus op voor de noodgedwongen bankroetiers. Maar mensen die zich opzettelijk failliet laten verklaren en er met achterlating van hun schulden vandoor gaan...

Andries
    Maar Jan Knol, voel je je wel lekker? Waarom
    maak je je zo kwaad?
Jan
    Wie moedwillig bankroet gaan, die mot je 'n
    straatverbod geven,
    En ergens apart zetten, en as ze dan buiten 't gebied
    kommen dat hun is toegewezen,
    Dan motten de jongens modder en zo naar ze
    smijten.
    [...]

CONTEXT

Leentjebuur met woorden

Als Jerolimo het toneelstuk opent, is de toon meteen gezet. In een lange **monoloog** (alleenspraak) (r. 1-46) komt hij met een bekentenis. In Antwerpen ging hij failliet door zijn gefeest met prostituees. Hij heeft zijn Antwerpse schuldeisers afgekocht met spullen die hij in Amsterdam heeft 'geleend'. Want de Amsterdammers, vindt Jerolimo, zijn niet alleen 'te vies' maar ook nogal naïef en goedgelovig. Hieronder volgt een stukje van de originele tekst (r. 1-12).

T'is wel een schoone stadt, moor 'tvolcxken is te vies:
In Brabant sayn de liens ghemaynlijck exkies
In kleeding en in dracht, dus op de Spaansche mode,
Als kleyne Konincxkens of sienelaycke Goden,
5   O Kaserlaijcke stadt Hantwerpen groot en raijck,
Ick gheloof nau dat de Son beschaynt uwes ghelaijck,
In abondancy van sleyck, in schoonheyt van landouwen,
In Karcken triumphant, in devote Kloosters, en modeste
   ghebouwen,
In muragie masieft, vol alles, van rekreatie geboomt,
10 In kayen en in hoyen, woorlangskens dat hem stroomt
De Large revier, het water van den Schelde,
En supporteert tot over Meyr.

In dit fragment barst het van de Franse woorden, zoals 'exkies', 'abondancy', 'triumphant' en 'modeste'. In elke taal komen **leenwoorden** voor. Dat zijn woorden die ontleend zijn aan een andere taal. Ook nu nog vinden we in het Nederlands veel Franse woorden ('toilet', 'ambulance', 'trottoir'), maar ook Latijnse ('bonus', 'dictator'), Duitse ('abseilen', 'bühne'), en vooral veel Engelse ('computer', 'laptop').

Uit het taaltje van Jerolimo blijkt goed dat er in Antwerpen naast Nederlands ook Frans werd gesproken. Maar het Vlaams kent ook andere woorden en woordvormen dan de taal in Noord-Nederland: 'schoone' (mooie), 'volcxken' (volkje), 'liens' (lieden), 'Konincxkens'(koninkjes). We horen een echte Antwerpenaar. Veel schrijvers van blijspelen en kluchten uit de 17de eeuw bedenken personages die in een eigen dialect spreken: Antwerps, Duits, Zaans, Frans of Amsterdams. Die dialecten roepen een beeld op van de stad of streek en haar bewoners, en ze benadrukken zo een bepaalde eigenschap van het personage. Het zijn **stereotypen**, een karakterisering waarvan men vindt dat die bij een persoon uit die streek hoort. Maar door die dialecten kan het publiek ook lekker lachen. De toeschouwers beseffen meteen dat het personage niet uit de buurt komt en raar praat. Misschien is hij of zij dus ook wel niet te vertrouwen...

Hoe werkt dat bij Jerolimo? Zodra hij zijn mond opendoet, schept hij in een overdadig Brabants dialect op over de grootsheid en macht van zijn Antwerpen. Hij is het prototype van de opschepper. Met de Franse woorden die hij gebruikt, wil Jerolimo extra deftig en rijk lijken. Maar de toeschouwers horen nog iets anders. Jerolimo weidt uit over het Antwerpen van lang geleden, een achterhaalde situatie. En ze zien zijn versleten kleren. Met zijn taaltje en gedrag probeert Jerolimo dus vooral indruk te maken en intelligent en rijk over te komen. Daar valt toch eenvoudig doorheen te prikken?

In de 16de en 17de eeuw streefden veel dichters juist naar een zuiver Nederlands. Voorstanders van taalzuiverheid noemen we **taalpuristen**. Bredero is één van hen. Ze probeerden woorden uit het Frans te vermijden, behalve als ze daarmee een bepaald effect konden bereiken – denk aan Jerolimo. Deze dichters dachten dat het Nederlands zou verarmen wanneer hun landgenoten veel woorden uit andere talen gebruikten. Tegenwoordig zien veel mensen leenwoorden juist als iets natuurlijks, als onderdeel van de manier waarop een taal zich ontwikkelt en door de tijd heen verandert.

In de 16de en 17de eeuw werd het gebruik van buitenlandse woorden om nog een andere reden vermeden: de vele oorlogen die op dat moment werden gevoerd. De eigen taal kon de eenheid onder de bevolking versterken. Buitenlandse woorden werden minder gewaardeerd: die deden juist af aan het idee van eigenheid.

Ondanks alle inspanningen van de taalpuristen om de volkstaal zuiverder te krijgen zou in de loop van de 17de eeuw de Franse taal steeds belangrijker worden voor het Nederlands. Dit had verschillende oorzaken. In de eerste plaats speelde de toenemende handel met het buitenland een rol. Omdat in het internationale handelsverkeer vaak het Frans werd gebruikt, moesten Amsterdamse kooplieden deze taal leren. Ook Bredero had op de 'Franse school' gezeten. Veel leerlingen van die school waren voorbestemd om in de handel te gaan. In de tweede plaats stond het Frans in aanzien. Het hof, de adel en mensen die een belangrijke functie bekleedden, spraken Frans en gebruikten in hun brieven volop Franse woorden. Dat klonk deftig. Wie af en toe een

Nederlandse term	leenwoord
grootachtbaarheid	autoriteit
toeval	accident
blijspel	komedie
geheimmerk	sacrament
gezant	legaat
ommegang	processie
pleitbezorger	procureur
boekerij	bibliotheek
bevoorhoofden	confronteren
handarts	chirurg
loopmare	krant
stadhuishavenaar	conciërge
vernufteling	ingenieur
aardrijkskunde	geografie
wiskunde	mathematica
natuurkunde	fysica
scheikunde	chemie
wijsbegeerte	filosofie
evenredigheid	analogie
evenwijdig	parallel
middellijn	diameter
rede	ratio
stelkunde	algebra

*Lijstje met zuivere Nederlandse woorden die **taalpuristen** in de 17de eeuw gebruikten, naast het oorspronkelijke **leenwoord**. Sommige van de zuivere woorden bestaan nog steeds, andere raakten nooit ingeburgerd en verdwenen snel. In de meeste gevallen zijn beide vormen gangbaar.*

Frans woord gebruikte, liet zien dat hij niet van de straat was. Dat bleef zo tot aan het begin van de 20ste eeuw.

Noord en Zuid in stereotypen

In de tijd waarin de *Spaanse Brabander* speelt, waren de Noordelijke en Zuidelijke Nederlanden (ongeveer het huidige Nederland en België) verwikkeld in een hevige strijd met Spanje, de **Tachtigjarige Oorlog**. De Nederlanden waren in opstand gekomen omdat ze meer zeggenschap over politieke en financiële zaken en vrije keuze van godsdienst wilden. In de Spaanse gebieden was het rooms-katholicisme verplicht. De vrijheidsoorlog duurde tachtig jaar, van 1568 tot 1648. Oorlogssituaties versterken het beeld dat een land van zichzelf en van zijn vijanden creëert. Vaderlandsliefde leidt in oorlogstijd tot felle afkeuring van de vijand en tot haat tegenover het vreemde. In de 17de eeuw zagen de Nederlanders zichzelf als vrijheidslievend, eenvoudig en degelijk. Duitsers waren oorlogszuchtig, Fransen lichtzinnig, Britten arrogant. Spanjaarden hielden ze voor hoogmoedig, wellustig en wreed, maar ook voor een volk van huichelaars en profiteurs. Dergelijke generalisaties komen niet uit de lucht vallen. Overal waar volkeren gekarakteriseerd en tegenover elkaar geplaatst worden, komen generalisaties bovendrijven. De eigenschappen van volkeren zijn al in de Klassieke Oudheid beschreven. Geleerde verhandelingen van Middeleeuwse geografen, filosofen, theologen en medici vulden ze verder aan. De **stereotypen** steunen voor een deel op vastgeroeste ideeën over de invloed van het klimaat op de menselijke geest. Omdat in noordelijke, koele streken vooral grote en blonde mensen leven, dacht men dat het klimaat ook de aard van een volk bepaalde. We vinden dat soort beschrijvingen in de 17de eeuw terug in geschiedwerken en reisverslagen, in politieke en geografische verhandelingen, maar ook in minder serieuze toneelstukken en gedichten.

Al vanaf de eerste regels horen we een arrogante Jerolimo opscheppen over zijn Antwerpen. Bredero heeft over zijn *Spaanse Brabander* zelf gezegd dat 'het Brabantse volkje [...] nogal lijkt op de Spanjaarden'. Ze zijn dus net zo arrogant (zie p. 11). Daarmee bevestigde hij een stereotypering van de Brabanders die al een tijdje bekend was. Een aantal jaren eerder, in 1614, hield de strenge dominee Jacob Trigland in de Amsterdamse Oude Kerk een preek waarin hij tekeerging tegen 'allerlei kostbare en vreemde vormen van kleren'. Deze mode zou illustreren hoe de Brabantse 'hovaardij' (hoogmoed) werd geïmporteerd in het gewest Holland dat toch van oorsprong zo eenvoudig, bescheiden, en nederig was. Zowel de Hollanders als de Brabanders worden door de dominee op de vingers getikt: de Hollanders omdat ze zich niet zouden kleden naar de Hollandse eenvoud en dus het slechte voorbeeld gaven. De Brabanders worden bekritiseerd omdat zij de bron van dit slechte voorbeeld waren.

Welk effect had dit op de toeschouwers van de *Spaanse Brabander*? Doordat het stuk in een veel vroegere tijd speelt, kunnen de Amsterdammers in de zaal zich tegelijkertijd *wel* en *niet* identificeren met de personages op het toneel. De toeschouwers zullen in Jerolimo de lachwekkende opschepperij van de Brabanders hebben herkend. Ze zagen die iedere dag om zich heen. Maar die kleinzielige Amsterdammers dan, die er zo slecht van afkomen in het stuk? Dat was een vroegere generatie, van lang geleden, dus ook daar konden de toeschouwers hartelijk om lachen. Zo waren de Amsterdammers van nu natuurlijk niet meer. Het publiek van de *Spaanse Brabander* wist welke historische ontwikkelingen zich hadden voltrokken. De neergang van Antwerpen was een voldongen feit, evenals de opbloei van Amsterdam als wereldstad. Daarmee kreeg de hoogmoed van Jerolimo al vanaf de eerste regels voor hen een extra dimensie.

Anachronismen

Mogelijk was het uit angst dat Bredero de *Spaanse Brabander* in een ver verleden liet spelen. Hij was bang dat zijn stadsgenoten hem erop zouden aanspreken dat bepaalde uitspraken of situaties in het stuk op hen betrekking hadden. Of dat ze er zelf in voorkwamen. Dat wilde Bredero vermijden. Maar speelt het stuk daadwerkelijk in een veel vroegere tijd, zoals de auteur beweert? Hij heeft wel wat moeite gedaan om die indruk te wekken. In 1570 was Amsterdam nog katholiek. Jerolimo kan dus zeggen dat hij van plan is naar de mis 'in het klooster bij de nonnen' te gaan (240), en even later (281) dat hij naar de 'Onze-Lieve-Vrouwenbroeders' gaat, een katholieke broederschap. In 1617 bestonden er in Amsterdam geen nonnenkloosters meer, en ook de genoemde broederschap was niet meer actief. Nadat de stad in 1578 protestant was geworden, werden de katholieke stadsbestuurders afgezet, de zogeheten **Alteratie**. Katholieke stadsbewoners werden wel gedoogd, maar ze moesten afstand doen van de gebouwen die hun geloof symboliseerden zoals de kloosters en kapellen. Die kregen een andere functie. Zo werd een van de kloosters na 1578 een weeshuis.

Er zijn in het toneelstuk echter flink wat plaatsen waar we anachronismen tegenkomen. Een **anachronisme** is een element in de tekst (persoon, voorwerp, uitspraak, gebeurtenis) dat niet past in de tijd waarin het verhaal speelt, meestal omdat het in die periode nog niet bestond. Hoewel het verhaal rond 1570 zou moeten plaatsvinden, verwijzen verschillende gebeurtenissen naar de periode rond 1617, toen Bredero het schreef. Zo spreekt Trijn Jans over de **Lommerd** (de Bank van lening), een gebouw dat van 1614 dateert (r. 582). Later in het stuk vertelt Jerolimo dat hij daar de **Beurs** gaat, waar handelaren elkaar ontmoeten (r. 1865). De Beurs werd pas in 1608 opgericht. En zo zijn er nog veel meer anachronismen. Het stuk geeft dus niet in alle opzichten een nauwkeurig beeld van de tijd waarin het verhaal speelt. Maar dat geeft ook niet. De *Spaanse Brabander* is immers literatuur, verzonnen (**fictie**), en de plot is deels gebaseerd op een Spaanse roman van nog langer geleden. Een literaire schrijver mag vrij omspringen met de historische werkelijkheid. In het geval van Bredero is er nog iets anders van belang. Van sommige gebeurtenissen uit dat verre verleden wist hij eenvoudig niet hoe het zat. En hij kon er ook niet zo gemakkelijk als tegenwoordig iets over opzoeken.

Een toneelstuk is geen geschiedenisboek met correcte feiten en jaartallen. Het probeert de mensen vooral aan het denken te zetten, op een aantrekkelijke manier. Bredero koos bewust voor vermenging van waarheid en fictie, van het verleden en de actualiteit van 1617. De toeschouwers herkenden hun directe omgeving en konden toch op veilige afstand blijven van alle ellende waarover ze de personages hoorden vertellen. Een meesterzet!

Gerbrand Adriaenszoon Bredero (1585-1618)

Wie was Bredero, de schrijver van de *Spaanse Brabander*? Vreemd genoeg weten we maar weinig van zijn persoonlijke leven. Als Bredero in 1618 op 33-jarige leeftijd plotseling sterft, heeft zijn literaire carrière niet langer dan zeven jaar geduurd. Zijn laatste stuk is de *Spaanse Brabander*. Inleidend vertelt hij de lezer over zijn grootse plannen: 'ik zal mij haasten om binnenkort met een nog kluchtiger en veel grappiger stuk te komen'. Maar enkele maanden later is hij dood, totaal onverwachts. De verslagenheid onder zijn stadsgenoten is groot. Dat blijkt ook als talrijke collega-dichters naar aanleiding van zijn overlijden een **lijkdicht** schrijven.

Lang dacht men dat Bredero een weinig serieuze vrijbuiter was die zijn dagen vulde met nietsdoen, drank en hevige verliefdheden. Dat beeld ontstond vooral door de inhoud van zijn liedjes en komische toneelstukken, die in en om de Amsterdamse kroegen en herbergen spelen, op de markten en langs de grachten. Ze laten de bittere ervaringen van hitsige knechten, ruwe drinkebroers en doorleefde hoeren levensecht weerklinken. Als de auteur zich zo goed in dat soort mensen wist te verplaatsen, dan had hij vast langdurig in die kringen verbleven, was het idee. Maar literatuur is **fictie**, en dus verzonnen. En een echte luilak en kroegloper kan Bredero niet zijn geweest. In zeven jaar tijd schreef hij immers ongelooflijk veel: een **liedboekje**, een dikke bundel vol gedichten en liederen, twee lange **komedies** (blijspelen die vrolijk eindigen), een handvol **kluchten** (korte toneelstukken met veel platte grappen), en nog een flink aantal **tragedies** (serieuze toneelspelen).

Bredero was een echte Amsterdammer, geboren en getogen. Hij bezocht er de Franse school, een soort havo. Daar leerde hij Frans. Latijn kende hij niet, terwijl de meeste van zijn collega-dichters wel op de Latijnse school zaten om vervolgens aan de universiteit te gaan studeren. Na zijn middelbare school werd Bredero opgeleid tot kunstschilder. Leergierig als hij was, haalde hij uit allerlei boekjes kennis over de Oudheid en de klassieke mythologie die hij in zijn schilderijen kon verwerken. Of dat ook gelukt is en of Bredero een bekwame kunstschilder was, weten we niet. We lezen er nergens iets over en schilderijen of prenten van zijn hand zijn niet bewaard gebleven.

Wat we in elk geval kunnen vaststellen, is dat hij zijn kennis van de klassieke geschiedenis en mythologie in zijn gedichten heeft verwerkt. Hiermee moet hij indruk hebben gemaakt op zijn geleerde Amsterdamse vrienden.

Een scène uit de opvoering van Bredero's Klucht van de koe. *Theatergroep De Kale speelde deze klucht vanaf 2013 door het hele land, met speciale voorstellingen voor scholen.*

Die hadden wel gestudeerd, voor arts of jurist, zoals de bekende dichter Pieter Corneliszoon Hooft. Met zijn toneelstukken oogstte Bredero veel succes, ook al tijdens zijn leven. Maar rijk werd hij er niet van. De meeste auteurs kregen niet betaald voor hun werk. Ze schreven hun stukken uit liefhebberij, misschien uit een natuurlijke drang, of om er bekend mee te worden. En een enkeling, zoals Bredero, werd inderdaad beroemd, en dat is hij tot op de dag van vandaag gebleven.

Veel weten we dus niet over het leven van Bredero. Dat hij nooit trouwde en geen kinderen kreeg, is zeker. Cornelis Lodewijckszoon vander Plasse, de uitgever van Bredero, beheerde diens literaire nalatenschap. Dat Bredero's toneelstukken ook nu nog gewaardeerd worden, blijkt wel uit recente opvoeringen van de *Klucht van de koe* (1612), de *Klucht van de molenaar* (1613), en natuurlijk zijn *Spaanse Brabander* (1617).

Een bijzondere vriendschap

Nog maar een paar gedichten van Bredero waren er in 1612 gepubliceerd toen zijn jeugdvriend Cornelis Lodewijckszoon vander Plasse (ca. 1585-1641) hem al een 'excellent Poëet en Rijmer' noemde. Ze kenden elkaar van school en woonden in dezelfde buurt. Misschien had Vander Plasse een aantal maanden eerder een opvoering van Bredero's eerste toneelstuk, de **tragedie** *Roderik en Alfonsus*, bijgewoond. Hij was meteen enthousiast. In het zelfde jaar opende Vander Plasse een boekwinkeltje bij de Dam waar hij naast boeken allerlei kantoorartikelen zoals pennen en papier verkocht. Maar hij ging ook boeken uitgeven. Vander Plasse werd de uitgever van vrijwel al het werk van Bredero en heeft daarmee een stempel gedrukt op wat wij nu weten van deze auteur en hoe we over hem denken.

Dankzij deze uitgever kon Bredero zijn werk vastleggen en verspreiden (én bleef het voor ons bewaard). Dat begon al vroeg. Zodra Vander Plasse zag dat zijn vriend veel succes had met de opvoeringen van zijn stukken, liet hij de toneelteksten een voor een drukken en verkocht hij de uitgaven in zijn winkeltje. Later bundelde hij opgevoerde toneelstukken van Bredero. Vander Plasse vroeg de invloedrijke Amsterdamse dichter Samuel Coster om een inleiding te schrijven bij die bundel. Coster spreekt daarin over de enorme populariteit van Bredero's toneelstukken, hoe ongelooflijk veel mensen naar zijn voorstellingen kwamen. Alle reden dus om zo'n auteur te koesteren. Dat was in 1617. Zijn grootste successtuk, de *Spaanse Brabander*, moest toen nog komen.

Rond dat zelfde jaar moet Vander Plasse ook Bredero's **liedboekje** hebben uitgegeven. We weten dat niet helemaal zeker want het boekje was zo populair dat er geen enkel exemplaar meer van over is. Ze waren over de toonbank gevlogen en Bredero zelf had er niet eens ééntje van kunnen bemachtigen. We hebben er nog wel een heruitgave van, uit 1621, de zoveelste druk. Er staan grappige en spottende liedjes in, maar ook liefdespoëzie en serieuze, godsdienstige gedichten. Dus van alles wat. Het boekje is zo klein dat je het gemakkelijk in je zak kon meenemen om er met anderen wat uit te zingen. Met zijn commerciële neus verzamelde Vander Plasse een aantal jaren later, in 1622, nog meer liederen en gedichten van Bredero en nam ze op in een grote, luxe editie, met mooie afbeeldingen op stevig papier. Voor de rijkere liefhebbers dus. Toen Vander Plasse doorkreeg dat andere drukkers de gewilde toneelstukken en liedjes van Bredero gingen nadrukken, probeerde hij snel het *octrooi* (alleenrecht tot verkoop) van zijn werk te krijgen.

Na het plotselinge overlijden van Bredero in 1618 bleef Vander Plasse zijn oude schoolvriend trouw. Hij vroeg andere Amsterdamse schrijvers een **lijkdicht** ter ere van Bredero te verzorgen. Dat deden ze. Ze schreven ieder een kort gedicht over hoeveel talent Bredero had, hoe populair en gewaardeerd hij nog steeds was, en wat dit grote verlies voor Amsterdam betekende. Gelukkig dat ze zijn werk nog hadden... Mooi reclamemateriaal ook voor een nieuwe publicatie. Naar eigen zeggen gaf Vander Plasse alles uit wat hij aan literaire teksten van zijn vriend kon vinden, inclusief een aantal persoonlijke brieven en redevoeringen. Daardoor weten we nu veel meer van de auteur. Als laatste brengt Bredero's goede vriend het complete werk uit, in 1638. In een inleiding prijst Vander Plasse Bredero om zijn geweldige talent, om hoe natuurgetrouw zijn oude vriend het Amsterdamse leven in zijn werk had weergegeven.

Titelpagina van een verzameling van Bredero's toneelstukken uit 1622. Op de afbeelding zie je in acht genummerde cirkels verschillende scènes uit toneelstukken van Bredero. Nummer 5 (zie ook de uitvergroting op p. 63) verbeeldt een scène uit de Spaanse Brabander. *Daar staan Jerolimo en Robbeknol! Ze zijn getekend door Willem Pietersz. Buytewech. Misschien is deze prent gemaakt in 1620 of 1621. Toen zou Bredero 35 jaar zijn geweest, en dat getal staat in de bovenste cirkel bij zijn portret. Wel wat merkwaardig, want de dichter is slechts 33 jaar geworden.*

2 Eindelijk wat te eten!

HET TWEEDE BEDRIJF
Eerste toneel:
Jerolimo, Robbeknol

Jerolimo is voor zijn Antwerpse schuldeisers gevlucht en heeft in Amsterdam een huisje gehuurd. Robbeknol is bij hem in dienst getreden. De volgende ochtend is nu aangebroken. Jerolimo en Robbeknol rammelen van de honger. Maar eerst gaat de arrogante Jerolimo zich opdoffen. Zijn knechtje moet hem daarbij helpen. De jongen kijkt verbaasd rond in het lege huis.

Robbeknol
486 Wat 'n dooie boel! 'k Ken hier geen eten klaarmaken,
Want hier wordt honger gebakken en dorst gebrouwen.
Jerolimo
Hé, waôr zaaide gaai? Ge moet toch maain mantel en wambuis kuisen? Ze zitten vol pluizen.
490 Kom hier en kaaik efkes. Ge moet me meteen wa afborstelen.
Maôr hedde giên borstel?
Robbeknol (echoot zachtjes het Antwerpse dialect van Jerolimo)
Maôr hedde giên varkensharen?
D'r is giên borstel in huis.
Jerolimo
Maôr wa zegt ge toch allemaôl?
Robbeknol
'k Zeg helemaal niks, meneer.
Jerolimo
Schik maain kanten kraôg recht,
Pak maain hoed met de roêde pluim,
495 En maain degen. Veuruit, haôl waôter, knechtje,
Met 'n fraôie handdoek en de goudkleurige waskom.
Robbeknol
Wat kletst die vent? Hij weet toch wel dat-ie niks anders
As 'n gebroken pot heb.
Jerolimo
Maôr wa snaôtert ge allemaôl?
Robbeknol (overdreven beleefd)
Kijk, jonker, 'k heb hier de handdoek en 't water,
500 Wat blieft u nog meer?
Jerolimo (zwijgt even)
't Komt me slecht uit
Te antwoêrden als 'k maain gezicht of handen was.
Gaai zult naôr maain mond zien, en luisteren naôr maain kuchen.
Haôl maain ivoren kam, 'k moet maain haôr wa kammen.
Robbeknol (pakt iets wat op een kam lijkt)
Kijk, dit is d'r ientje, as m'n ogen 't goed zien,
505 Maar dan ientje die gemaakt is uit de staart van 'n schellevisgraat.
Jerolimo
Wat zaaidie 'n grapjas. Hoe staôn maain lokken nu?
Robbeknol
Ze krullen as 'n wijnstok, echt wel.
Jerolimo
Wa denkt ge van maain haôr, is 't nie moêi en blond?
Robbeknol
As 'n Engels k'nijn, 't wordt al behoorlijk grijs.
Jerolimo
510 Hoe staôt me dieze hoed, en dieze sierlaaike veerkens?
Robbeknol
Jonker, je hoedje staat je héél netjes op die drie haartjes,
't Is prachtig mooi.
Jerolimo
Hoe past me dieze kraôg?
En staôt ze me goe?
Robbeknol
Jonker, is dat 'n vraag?

Een **wambuis** was een warm kledingstuk dat over het hemd werd gedragen maar onder de mantel. Dit leren wambuis werd in 1978 uit de Oudezijds Achterburgwal opgebaggerd en helemaal gerestaureerd.

Een kanten **kraag** was een teken van rijkdom en werd door mannen én vrouwen gedragen. In de 16de eeuw kwam deze kraag aan het Spaanse hof in de mode. Iets later verplaatste de trend zich naar de Nederlanden. De kraag werd in de loop der jaren steeds groter. Rechts zie je een zogenaamde 'molensteenkraag', van omstreeks 1640. Het was een ronde kraag van geplooid fijn linnen, soms nog versierd met kant.

       Waarom zouwe je kleren je niet mooi, niet prima en perfect passen?
515 As of je ze al van jongs af an draagt.
Jerolimo (wijst op zijn degen)
       O Robbeknol, dit waôpen, da's zoê excellent,
       't Is van maain ouwe Heer.
Robbeknol (droogjes)
       Die heb 'k nooit gekend.
Jerolimo
       Veur giên geld zou 'k 't weggiêven,
       Want nooit maôkte 'n waôpensmid in zaain liêven net zo'n goeie.
Hij test de scherpte van de degen met zijn nagels.
520 Ziet eens hoe da 't schrapsel van maain nagels oêvervloedig stuift,
       'k Wed da 'k daôr mee 'n zak met wol deurmidden kan houwen.
Robbeknol
       En *ik* 'n roggebrood, maar dan met m'n eigen tanden,
       Al was 't 'r een van twaalf pond, 'k zou 't helemaal wegknauwen.
Jerolimo (kijkt naar z'n degen)
       O, 't is moêi vakwerk. Maôr wa 's da? 't Stiêkt deur de **schede**.
Robbeknol (spottend)
525 Zo as 't bij 'n hoveling past, dat staat 'n edelman prima.

Jonker

Jerolimo wordt in het stuk met de titel 'jonker' aangesproken. Een **jonker** was een edelman, dus een adellijk persoon. Door zijn protserige uiterlijk, zijn kleren en degen, ziet Robbeknol hem als een echte jonker.

De **schede** is de (leren) hoes waarin de scherpe degen langs het lichaam wordt gedragen. De degen en de leren schede op de afbeelding zijn gevonden bij het plaatsje Bant in de Noordoostpolder. Ze zijn afkomstig uit een vrachtschip dat op de Zuiderzee is gezonken.

Jerolimo

    Robbeknol, ik gaô efkes naôr de kerk.
    Hè? Ben 'k nu maain houten roêzenkrans kwaait?
530 Wel, Robbert, maôk 't bed op, 't huis moet aôn kant.
    Haôl waôter, zie d'r op toe da 't nie wordt gestoêlen.
    Als ge naôr buiten gaôt, sluit de poêrt en leg dan de sleutel
    Op dièze richel, zoê da 'k erin kan.
    En hou 'n oêgje op 't eten, da de ratten 't niet opvriêten.

Hij gaat naar de kerk.
Robbeknol

535 As d'r 'n muis in huis kwam, dan zou die sterven van de honger.
540 Wie dit heerschap zo deftig en trots ziet lopen,
    Zou die denken dat-ie net lekker en ruim
    Heb gegeten? Maar wie zou dan kennen weten
    Dat-ie gisteren en vandaag niks anders heb gehad
    As 'n kruimpie droog brood, helemaal groezelig en vuil,
545 Dat 'k in m'n borstzakkie bewaarde in plaats van in 'n kast?
    O God, Uw werken hebben 'n wonderbaarlijke kracht.
    Wie zou niet door die valse rijkdom bedrogen zijn?

Zoals iedereen in die tijd kent ook Robbeknol zijn Bijbel. Dit is een toespeling op Openbaring 15:3: 'Groot en wonderlijk zijn Uw werken, Heere, Gij almachtige God'. Robbeknol bewondert de sluwheid van zijn meester, vol ironie. Wat een vakmanschap!

    As 'n jonge vent komt-ie anlopen, ja as 'n prins
    Die 't an niks ontbreekt, en voor wie alles puik is.
550 Hij 's fraai uitgedost en komt hier an marcheren
    As of-ie jaarlijks voor duizend pond ken gaan dineren.
    […]

Tweede toneel:
Trijn Jans, Bleke An, Jerolimo

Trijn en An, twee prostituees, staan op straat, bij de Amstel.
Trijn (in zichzelf)

566 Verdorie Trijn, dat waren nog 's gulle kerels!
    Die kennen rustig 'n kan bier door 't raam gooien
    En die buiten weer opvangen.

De kerels waren dus razendsnel: ze dronken een kan bier in één teug leeg.

    De jongste was 'n bink.
    Godsamme, 'k heb m'n maag weer 's flink gevuld.
574 Maar Annetje, vertel me 's, wat heb je vandaag verdiend?

Een rozenkrans, ook wel 'paternoster' (onzevader) genoemd, is een gebedssnoer. Er zitten vijf grote en vijftig kleine kralen aan, die regelmatig over het snoer zijn verspreid. Katholieke gelovigen gebruiken de rozenkrans bij het bidden. Elke grote kraal staat voor een Onze Vader (een gebed tot God), elke kleine kraal voor een Weesgegroetje (een gebed tot Maria, de moeder van Christus). Met de krans kunnen verschillende reeksen gebeden worden uitgesproken, bijvoorbeeld een cyclus van vijftig of van honderdvijftig. Er hangt ook een kruis aan de krans om de gelovige tijdens het bidden aan het leven, de dood en de verrijzenis van Christus te herinneren.

Franse klikkers

An heeft flink verdiend: een Spaanse zilvermunt. Zo'n muntstuk was wel twee gulden waard, een bedrag waarvoor een gewone arbeider ruim een halve week moest werken. Met het geld wil ze nieuwe spulletjes kopen. Wat heeft ze zin in mooie muiltjes volgens de Franse mode! De **klikkers** hebben een houten hak waardoor ze een klikkend geluid maken bij het lopen en degene die ze draagt dus lekker opvalt. Al in de tijd van Bredero stond de Franse mode bekend om de deftige stijl van haar kleding en schoeisel.

De Franse muiltjes hebben prachtig borduurwerk en een zijden-fluwelen binnenkant. Dit muiltje is gerestaureerd door het Bata Shoe Museum in Toronto.

An
575   'n Mooie Spaanse zilvermunt, daar ga 'k wat moois van kopen
Voor 't geld me tussen de vingers glipt. Is dat niet 't beste, Trijn Jans?
Jeetje, 'k heb zo'n zin in klikkers, van die Franse,
'k Word helemaal wild as 'k ze maar hoor klakken.
Zeker weten, ze brengen me kop flink op hol.
580   Maar Trijntje, wat kreeg jij vandaag?

Trijn
    'n Halve pistolet!
'k Heb laatst wat van m'n spulletjes beleend, wat snuisterijen,
Hier is m'n lommerdbriefje. Lees maar 's hoeveel poen d'r nodig is.

An
Wat voor tekentjes zijn dit? De duivel ken 't lezen.
'n Kruissie, 'n krulletje, 'n streepie, Jezus,
585   Dit 's duivelse geleerdheid, door de duivel zelf verzonnen.

Trijn
't Is mij om 't even, as 'k m'n spulletjes maar terugkrijg.
Ze schrijven 't zo op dat dan niemand 't ken namaken.

De Lommerd werd in 1614 door de stad Amsterdam opgericht om de arme inwoners te beschermen. De rente was er namelijk veel lager dan die door woekeraars voor een geldlening werd gevraagd.

De Lommerd

Baas boven baas. Trijn heeft nog meer dan An verdiend, zelfs een halve pistolet. Dat is een gouden munt waar een arbeider bijna twee weken voor moest werken. Hiermee kan ze mooi wat van haar spullen bij de Lommerd terughalen. De **Lommerd** wordt ook wel 'Pandjeshuis' of 'Bank van lening' genoemd. Je kunt er iets van je eigendommen belenen. Als je krap bij kas zit, leen je er contant geld tegen een onderpand, zoals een horloge of juwelen. Je krijgt een **lommerdbriefje** mee waarop staat voor hoeveel je je spullen weer terugkrijgt. Dat moest je dan wel binnen een jaar en zes weken doen, want anders werden ze in het openbaar verkocht.

Een steen boven de toegangsdeur van de Amsterdamse 'Bank van lening' in de Enge Lombardsteeg. Er staan drie vrouwen op die hun spullen bij de Lommerd aanbieden. Het onderschrift luidt:
Tot behulp voor den noodtdruftigen is hier gestelt
De Banck van Leeninge voor een cleijn gelt

An vertelt over haar ervaringen. Een van haar klanten beloofde haar veel geld maar het bleef bij een loze belofte. Totdat ze hem eens flink de waarheid zei...

An
606 En meteen kwam-ie met z'n geld op de proppen. 'k
    Zou nie kennen zeggen
  Of hij of ik, of wie ook, 't eerst de dekens opensloeg.
  Maar wat 'k wel weet, is dat toen 'k 'm wat beter
    bekeek,
  Dat 'k dacht dat 'r 'n engel in m'n bed kwam.

Jerolimo komt langzaam aanlopen. De snollen zien in hem een rijke klant.
610 Hola, daar komt 'n man an die 't nogal druk schijnt
    te hebben. Dus stil!
  (*tot Jerolimo*) Goeie dag, sinjeur, weet je ook hoe
    laat of 't is?

Jerolimo
  De klok, maain herteke, die staôt op ongeveer tien
    uur.
  Maôr Sjiêzus, wa 'n geluk, wa 'n engelachtige
    wiêzens!
  Hé beeldekes van goud, met 'n hartelaaike groet

615 Kus 'k de handekes van oe edelmoedige genaôde.
  Hé hertekes, waôrhiën gaôt oe zo zonder
    chaperonne?

Trijn
  Wij wand'len voor ons plezier langs deze rivier,
    meneer.

Jerolimo
  Glorieuze vrouwkes, met eer en deugd bepaôreld,
  Die met oe oêgkes de groêtsten van de wiêreld
    overweldigt,
620 Oe allerminste slaôf die gaai op aôrde maôr wiêt te
    vinden,
  Die wenst oe toe al wa ge maôr kan bedenken.
  'k Vraôg uwen maôjestaaitelaaike dames om oe zo
    diep te verniêderen,
  Dâ 'k 'n stukske met oe mag pourmaneren.

An (*probeert ook nogal deftig te praten*)
  Dit verzoek is u niet alleen geconsenteerd,
625 Maar wij voelen ons bijzonder vereerd daartoe,
  Zowel door uw persoon as door uw reverentie.

Deftige praat

Wat een onzin kraamt Jerolimo uit om de prostituees in te palmen! Hij maakt zichzelf tot hun 'allerminste slaaf' (r. 620). Maar gaat hij zijn zin krijgen? Jerolimo gooit flink wat Franse **leenwoorden** in de strijd. Hij is tenslotte een Brabander. Maar zijn extra dure woorden tegen de simpele Amsterdamse snollen maken de scène superhilarisch. Een *begeleidster* wordt bij hem een 'chaperonne', en in plaats van *wandelen* zegt hij 'pourmaneren', een verbastering van het Franse 'promener' (wandelen). Maar An kan er opeens ook wat van! 'Geconsenteerd' betekent: *toegestaan* (Frans: 'consentir'), 'reverentie' komt van het Franse woord voor *eerbied*: 'révérence'.

Jerolimo
632 O, keuninklaaike vrouw! Als Phoebus Apollo oe eens zag,
Dan zou zaain groête licht vandaôg nie schaainen.
Haai zou zaain waôgen en paôrden laôten rusten,
635 Om zich te verheugen, en van zaain lusten te genieten.
Trijn
Neem me nie kwalijk, meneer, 'k ken u nie begrijpen.
U spreekt as 'n Portugies, of as 'n Italiaan,
Uw poëzie gaat te hoog voor ons.
Jerolimo
Verrukkelaaike maôgd, wat kunde ge converseren!
640 Zoêals uit de Parnassus hengstewaôter spuit,
Zoê vloeien van oe tong de moêiste woêrden.
652 Sinds ik oe zag, vroêlaaike bewoênsters van de Helicon,
Kriêg ik 't vermoeden da ge Jupiters zusters zaait.
Goddelaaike dochterkes! Herteke! Hedde d'r wa tegen
655 Om te zingen? Da vind 'k zoê moêi! Och liefke, 'k denk wel van nie.
Prinsessekes, als g' efkens ging zitten en veur ons wa schoêns zong.
An
Jonker, heb je 'n nieuw liedje voor me? Geef 't me dan, beste kerel?
Trijn
'k Zal je d'r straks wat lekkers voor teruggeven.
Jerolimo
Baai oe in bed, juffrouw, dâ zou 'k wel begeren.
An (zachtjes)
660 Vergeet 't maar, 'n klap voor je harses ken je krijgen.
Jerolimo (haalt een los blad tevoorschijn)
'k Heb hier 'n nieuw liedeke, maôr 't is veur maai wâ te hoêg.

Een oudere collega van Bredero, de Amsterdamse dichter Roemer Visscher (1547-1620), beschrijft hoe de ijdeltuiterij van omhooggevallen jonkertjes eruitziet. Bij deze afbeelding in zijn Sinnepoppen *(1614) geeft hij ook een toelichting: 'Dit soort jonkertjes, die zichzelf oppronken met pluimen op het hoofd, gouden kettingen op zijden kleren om hun hals en vergulde zwaarden aan hun zijde, zijn niet de mannen die zich in de oorlog dapper weren of nuttig zijn. Maar ze spelen op een luit en zingen een liedje. Dat is meer iets voor hen.'*

Mythologisch gezwam

Het wordt steeds gekker. Waarom haalt Jerolimo er de klassieke **mythologie** bij om de twee vrouwen te prijzen? Was dat een bewijs van zijn kennis of wilde hij gewoon indruk maken op de dames? Je was natuurlijk niet van de straat als je tijdens een gesprek opeens de Parnassus, de Helicon en de zusters van Jupiter op tafel gooide. In de 17de eeuw stond de mythologie wel veel dichter bij de mensen dan tegenwoordig. Kunstenaars kozen bijvoorbeeld vaak mythologische onderwerpen. Iedereen die op school had gezeten, was vertrouwd met de bekende verhalen en met de namen van figuren en plaatsen die erin voorkwamen. De mythologische stof was in de Oudheid opgetekend in de *Metamorfosen* ('Gedaanteverwisselingen'), een geschrift van de Romeinse auteur Ovidius. In Bredero's tijd waren er ook Nederlandse vertalingen van de *Metamorfosen* verschenen, voorzien van mooie afbeeldingen. Maar An en Trijn kunnen niet eens lezen. Al die verschillende namen en sjieke woorden! Het gaat hun begrip te boven.

Apollo in zijn zonnewagen. Gravure van Theodor de Bry uit 1596.

In de klassieke mythologie is **Phoebus Apollo** de god van het licht en de zon. Iedere dag stuurt hij zijn prachtige zonnewagen, getrokken door paarden, langs de hemel. Zo brengt hij dagelijks het zonlicht op de aarde. Jerolimo denkt dat de zonnegod wel zijn paard en wagen zou laten staan om met zulke mooie vrouwen als An en Trijn het bed te delen. Op de Griekse berg **Helicon** zetelden de negen Muzen, de godinnen van kunst en wetenschap. Op een andere berg in Griekenland, de **Parnassus**, was een bron ontstaan doordat het gevleugelde paard Pegasus er met zijn hoeven door de grond had gestampt. Het water uit die bron, het **hengstewater**, zorgde voor dichterlijke inspiratie.

An
Lieverd, laat 's zien of we de wijs d'r van zouwe kennen zingen.

Jerolimo
Scheur 't bluôdeke nie, want 't is me doêr den hertog gezonden.
Was 't giên zeldzaôm liedeke, liefke, dan haddie 't me nie gestuurd.

Trijn (*spottend*)
665 'k Hoor wel dat u nie met simpele lui omgaat!
Mijn jonker, gaat u maar zitten en laat mij d'r eens naar kijken.

Ze zingen 'Betteken voer naar Mariemont'.

**Derde toneel:
Trijn, An, Jerolimo, Robbeknol**

Robbeknol
't Bed is opgemaakt, nou ken 'k ertussenuit
Om bij de Raampoortsteiger deze pot te vullen
Met helder water. (*Hij ziet Jerolimo met de vrouwen praten*) Wat nou? Zie 'k 't goed?
670 Om je te bescheuren! M'n jonker bij twee snollen,
Zet 'm op, man! Heb je nog steeds zin om te stoeien?
'k Kijk m'n ogen uit. Ja, 'k geef je gelijk, beste vent,
Wat gaat 'r boven keuze: twee vrouwen in plaats van één.

Lekker meezingen

An vraagt Jerolimo om een nieuw liedje en ja, hij heeft er toevallig eentje bij zich, afgedrukt op een los vel papier: 'Betteken voer naar Mariemont'. De oorspronkelijke tekst van dit lied kennen we niet meer, maar we weten op welke melodie het werd gezongen. Het was een heel populair deuntje in de 16de-eeuwse Zuidelijke Nederlanden, met de titel 'Air de la Dauphine'. An en Trijn kennen het wijsje ook. Een liedtekst die is gemaakt op een bestaande melodie wordt een **contrafact** genoemd. Het **liedboekje** van Bredero staat er vol mee. In de vroegmoderne periode zijn er duizenden liederen op deze manier geschreven. De melodieën kwamen vaak uit Frankrijk of Italië.

De swingende 'Air de la Dauphine', de melodie waarop 'Betteken' werd gezongen. Er staat nu een tekst onder die geschreven is door de dichter Dirck Camphuysen, rond 1620.

Jerolimo
 Juffrouwen, is dâ nie moêi gezongen? De hoêvelingen van de koêning
675 Die worden wild en wellustig als ze dâ liedeke zingen.
 De Spaônse keuningsdochter zelf zingt 't.

Die koning was de Spaanse vorst Filips II. Hij was in 1598 overleden. Zijn dochter, Isabella Clara Eugenia, volgde hem op als vorstin van de Zuidelijke Nederlanden.

 De vrouwen uit haôr hofhouding
 Schreeuwen 't deur 't palaais, en gillen 't oêver straôt.

An
 Precies as je zegt, jonker.

Jerolimo
 Maaiskes van drie jaôr
 Die tjilpen 't allemaôl.

Trijn
 Ja, vin je 't vreemd?

Jerolimo
680 De kwaôjongens en boefkens die lieren dâ nog viêl eerder
 Dan 't Onze-vaôder, of iets goeds van Onze-Lieven-Heer.

Robbeknol (bij zichzelf)
 Wat reutelt die gek toch allemaal?

An
 Meneer, zullen we opstaan?

Jerolimo (gaat op Trijn af)
 O juffrouw, wilde ge maai 'n gunst bewaaizen,
 Staô dan oe slaôf toe dattie oe 'n keerke kust.

Trijn
685 Nou, jonker, nie te vrijpostig, hè? Hé man, rustig an!

Robbeknol
 'k Lach me dood. Arme jonker, wat doe je toch allemaal?
 Dat was te verwachten, dat-ie d'r nog hitsig van wordt ook.

Jerolimo
 'k Smiêk oe, laôt me maain gang efkes gaôn, als 't meugelaaik is.

An
 Kom jonker, laten we gaan, neem ons mee naar de herberg

Helder water bij de Raampoortsteiger

Water om te wassen en te schrobben haalde je in Bredero's tijd gewoon uit de gracht. Dat water was op sommige plaatsen nog redelijk zuiver. Al in de Middeleeuwen had Amsterdam regels opgesteld om de grachten schoon te houden. Dode dieren, mest en slachtafval mochten niet in de gracht gegooid worden. Die was vooral bedoeld voor de afvoer van regenwater, vervoer per boot, en bluswater. Er waren in de Gouden Eeuw al veel openbare vuilnisbakken. Het vuil dat daarin was verzameld, werd afgevoerd met karren en vuilnisschuiten en als mest verkocht aan tuinbouwers. Toch was het verleidelijk om afval gewoon in de gracht te dumpen.
Robbeknol haalt water uit de Kloveniersburgwal, bij een steiger (r. 668). Daar stond in 1570 de Raampoort, een kleine doorgang in de hoge stadsmuur die er toen rond Amsterdam lag. Door het poortje kwam je via een smal houten bruggetje op velden waar kleren te **bleken** werden gelegd.

---

690 Hier op de Kloveniersdoelen, waar de rijke heren
    kommen.
        [...]

Jerolimo gaat de dames natuurlijk niet trakteren. Hij heeft het te druk en moet naar de beurs, zegt hij. Als 'koninklijke koetsier' kan hij zich toch ook niet in zulk gezelschap vertonen! Allemaal smoesjes uiteraard. De hoertjes hebben ondertussen ook wel door dat ze met een armoedzaaier te maken hebben. Haastig neemt hij afscheid.

Op de **Kloveniersdoelen**, *aan de Kloveniersburgwal vlak bij de Amstel, kwamen de rijke en voorname mannen samen die de stad beschermden. Ze vormden een soort burgerwacht maar ook een gezelligheidsvereniging. Er was een schietbaan ('doelen') waar ze oefenden met hun wapens. Ze werden 'kloveniers' genoemd omdat ze een 'klover' gebruikten, een lang, dun en draagbaar kanon, de voorloper van het geweer. Op veel schuttersstukken uit de 17de eeuw worden deze kloveniers afgebeeld. Het meest beroemde schuttersstuk is Rembrandts* Nachtwacht.

**Vierde toneel:
An, Trijn**

An (plagerig)
726 Gut, Trijntje, je leek 'm wel te mogen...
Trijn
    Die kinkel, hij ken me... Nee, dat ga 'k nie zeggen.
    Wat zou die klojo hebben kennen klaarmaken? 't
        Was 'm alleen om 'n praatje te doen.
    Die bink van vannacht, dat was 'n héél ander
        verhaal.
730 Maar Annetje, ben je al lang geleden in de prostitutie
        gekommen?
An
    Ja, al vanaf m'n veertiende raakte 'k an 't werk.
    'k Woonde nie meer thuis, en waar 'k terechtkwam,
    Daar stoeide 'k altijd met de jongens, met de zonen.
    Je weet wel hoe 't dan met giechels gaat
735 As je zo stoeit en rommelt: die gaan snel voor de bijl.
    Luister, 'k zal 't je zo kort mogelijk vertellen.
    De oudste zoon van m'n baas die greep steeds naar
        m'n borsten.
    'k Weerde me niet erg af, 'k liet 'm gewoon begaan,
    Want kijk, hij had me lief, en 'k was nog zo'n
        groentje
740 Dat 'k 'm zelfs uitdaagde as-ie me niet anraakte.

't Gebeurde toen 'k 's z'n bed opmaakte:
Hij greep me stevig vast en smeet me op 't bed.
'k Ken je niet uitleggen hoeveel pret die jongen had
Voordat-ie z'n zin kreeg. O joh! Hij kon ook zo
   liefkozen.

Trijn
745 *An* Schreeuwde je niet?

         Schreeuwen? Waarom? 'k Barstte bijna van 't
            lachen,
      Ja, 'k genoot 'r van. Kijk, 't was zo fijn... (*ze staart
         voor zich uit*)
      Hij kocht van alles voor me, 'n zilveren vingerhoed,
      'n Sleutelring, 'n beurs, 'n paar Engelse messen,
      En 'n mooie nieuwe mantel, alles prima spul.
750 'k Liep trots as 'n pauw in m'n beste kloffie.
      'k Leek zondags meer op de dochter des huizes as op
         de dienstmeid.
      Maar geluk schijnt nie lang te mogen duren,
      Want 'n babbelziek stel jaloerse buren
      Ging naar m'n bazin, die simpele geest.
755 En ze zeiden: 'Kijk uit, dat loopt verkeerd af!
      Jouw meid loopt 'r zo sjiek bij, en ze heb 't heus nie
         van d'r zelf, hoor!
      Je man geeft 'r die spullen, of ze heb ze gejat.
      Pas op je geldlade!' M'n bazin beschuldigde me d'r
         van
      Dat ik 't met 'r wettige man hield.
760 Ik ontkende 't bij hoog en bij laag, met 'n eed op m'n
         leven,
      Net zolang dat ze 't ten slotte uit 'r hoofd heb gezet.
      Maar toch bleef 't in d'r kop rondzeuren.
      Want eens jaloers, altijd jaloers,
      Tot in de eeuwigheid an toe.
765 Je vindt dat meer bij vrouwen as bij mannen.
      M'n bazin ging m'n gangen na, in huis en op straat.
      En wat deed ze? Ze bedacht 'n plan
      Waardoor de bom op 't end wel most barsten.
      Want ze had 'r nicht in m'n kamertje verstopt.
770 's Nachts ben 'k zo as altijd opgestaan
      En meteen bij m'n vriendje in bed gestapt.
      De nicht kwam tevoorschijn, ze heb 'n kaars
         ontstoken
      En is me stilletjes achternagelopen.

An werd goed verwend met al die zilveren snuisterijen: dure spulletjes voor zo'n simpel meisje. Vrouwen droegen ze aan een gordel om hun middel, zodat iedereen ze goed kon zien en horen. Tekening van Urs Graf, een Zwitserse prentmaker.

      Maar toen ze boven kwam, toen vond ze 't
         liefdespaar
775 Innig bij mekaar in bed leggen.
      De moeder gaf me de zak. 'k Moest m'n spullen
         pakken
      En 't huis verlaten. Hem stuurde ze naar Bremen.
      Zo kwam 'k in 't vak. Wat mot 'k je d'r nog meer van
         zeggen?
      Maar hoe kwam jij d'r in terecht?

Trijn
         Luister, dat zal 'k je 's vertellen...
Trijn vertelt hoe ze vijf jaar lang in de huishouding werkte totdat ze op zichzelf ging wonen en haar baantje opzegde. Op een dag ging ze met een vriendin naar de Kartuizer Herberg.
         [...]
795 In de Kartuizer Herberg kwam 'n knul naar ons toe,
         een van de jonge stamgasten,
      'n Knaap van de Zeedijk, ouwe Dirk hiet z'n pa.
      Hij wist zo mooi te praten... 'k Dacht dat we gingen
         trouwen.
      We liepen naar Haarlem, daar gingen we

Een sjieke herberg

Aan het begin van de 17de eeuw werd begonnen met de aanleg van de Jordaan, nu een oude woonwijk in het centrum van Amsterdam. In de Middeleeuwen lagen er nog weilanden en tuinen met her en der een pottenbakkerij. Ook stond er sinds de 14de eeuw een klooster. Daar woonden de kartuizers, sober levende monniken die zich buiten de stad hadden teruggetrokken in een rustige omgeving. Maar nu kwamen er woonhuizen voor de vele **immigranten** die naar Amsterdam trokken. Nadat de stad bij de **Alteratie** een protestants stadsbestuur had gekregen, verloor het katholieke klooster zijn oorspronkelijke functie. Het gebied behield voor een deel zijn agrarische karakter want er werd vee gehouden en er waren boomgaarden. Maar naast woonhuizen kwamen er verschillende bedrijfjes, en ook herbergen. In een deel van het voormalige klooster werd rond 1600 de **Kartuizer Herberg** geopend. In de boomgaarden rondom stonden banken en tafels voor de bezoekers.

Uit archeologische vondsten blijkt dat er uit dure serviezen werd geserveerd. De herberg trok dus klanten uit de betere kringen. Aan de hand van restanten in de beerput (afvalput) konden de archeologen achterhalen dat het menu heel gevarieerd was, wat ook wijst op welgestelde klandizie. Naast meelproducten van rogge en boekweit (brood) aten de bezoekers vooral rijst. Waarschijnlijk werd die in de soep verwerkt met groente en vlees of er werd romige rijstpap van gemaakt. Naast appels en peren stonden bramen, kersen, moerbeien, aardbeien, pruimen en allerlei soorten bessen op het menu. Ook aten de gasten geïmporteerde zuidvruchten, waaronder vijgen en druiven. We weten dit zo goed door het onderzoek naar botanische resten in de beerput. Bijzonder was de vondst van citrusvruchten zoals sinaasappels, limoenen en citroenen, omdat hiervan in andere Noordwest-Europese beerputten nog geen restanten zijn aangetroffen. Ze werden geïmporteerd uit Spanje en Portugal, gekonfijt (met suiker in een pot gedaan om ze te conserveren), en vervolgens in allerlei gerechten verwerkt. Uit de put werden ook nog noten opgediept: hazelnoten, walnoten en tamme kastanjes.

De Kartuizer Herberg.

In de beerput van de herberg kwamen verschillende 17de-eeuwse gebruiksvoorwerpen terecht, zoals een Amsterdamse stroopkruik, een potje met pijpen van klei, een stenen kruik en een witte, aardewerken kruik uit Italië.

Een kaart van Amsterdam uit 1650. De Kartuizer Herberg stond bij de pijl. Het ingekleurde deel rond de herberg is de Jordaan.

In 'n goeie herberg overnachten, bij andere fatsoendelijke lieden.
800 's Nachts, toen 'k sliep, stal die al m'n poen,
M'n zilveren spulletjes en m'n beurs, die nog wel zo goed was gevuld.
Hij ging d'r stilletjes vandoor, maakte me nie wakker,
En vloog as 'n haas over velden en akkers.
's Morgens, Annetje, as 'k uit m'n dromen ontwaakte,
805 Tastte 'k naar m'n liefie, maar 'k kon 'm nergens vinden.
'k Riep 'm bij z'n naam, 'k zocht ook naar m'n riem en beurs,
En viel flauw toen 'k doorhad dat-ie d'r mee vandoor was gegaan.
Niemand zou m'n verdriet kennen beschrijven.
M'n mantel moest bovendien as betaling achterblijven.

810 Toen ging 'k ongetroost weg om over m'n ellende te janken,
En wel door de Zijlstraat naar Overveen, de duinen in,
Waar 'n burger die op jacht ging, me zag.
'k Vertelde 'm van m'n ongelukkige belevenissen.
M'n verdriet deed 'm wat. Hij vond me nogal knap,
815 En gaf me 'n gouwen Franse kroon.

Een Franse kroon was vijf gulden waard. Dat was meer dan het weekloon van een arbeider.

An
En dat voor nop?

Trijn
Nou, je ken zelf wel bedenken
Wat de Haarlemmers voor nop an 'n vreemdeling zouwe geven.
Sinds die tijd tippelde ik, maar nie voor iedereen:
'k Heb liever 'n rijke stinkerd as 'n arme vuilbroek.

An (over de jongen uit de Kartuizer Herberg)
820 En heb je van die schurk niks of niemendal meer gehoord?

Een nek vol goud

Je hebt een gouden hals (r. 823) als je veel gouden kettingen om je nek hebt hangen. Dat is uiteraard een teken van rijkdom. Trijn suggereert hier dat je de **schout** kunt omkopen als je rijk bent. Veel later in het stuk (rond r. 2210) krijg je antwoord op de vraag of de schout werkelijk corrupt was.

Trijn (ineens erg kwaad)
    Niks anders as dat-ie uit 't oosten is
        teruggekomen.
    'k Sleep 'm voor 't gerecht! Verdomme, as de schout
        'm te pakken krijgt,
    Kost 't 'm beslist z'n kop, al had ic 'n gouwen hals.
An
    Hoe zag-ie d'r uit?
Trijn (aarzelend)
    Best knap, maar 't was wel 'n schele.

Vijfde toneel: Robbeknol, Jerolimo

Robbeknol komt met een pot vol water bij het huisje van Jerolimo aan. Maar veel spullen om schoon te maken vindt hij er niet.

Robbeknol
826 Hier is niks, echt helemaal niks. 't Is hier
      uitgestorven en leeg,
    Ja, zelfs geen bezem of borstel, niks waarmee 'k 't
      huis ken anvegen.
    En dat is wel hard nodig! Of 'k nou naar onder of
      boven kijk,
    't Zit vol vuil en spinrag, en zo onder 't stof
830 Dat 't me verbaast dat zo'n edelman
    Zich met dit ellendige krot tevreden ken stellen.
    Wat zal 'k nou doen? An brood zien te kommen,
    Want as 'k nog langer wacht, ga 'k dood van de
      honger.

Naar Haarlem

Wie van Amsterdam naar Haarlem reist, doet dat tegenwoordig met de auto, bus, trein of fiets. In de 16de eeuw ging dat lopend of met de zeilboot. Te voet duurde de tocht toch wel een hele middag. Een zeilboot bracht je er met gunstige wind in een paar uur, via het IJ-meer. Zat de wind tegen of was het ruig weer, dan voer het schip niet en als het wel vertrok, dan duurde de reis veel langer en was de tocht ongerieflijk en soms zelfs gevaarlijk. Bovendien moest je voor vertrek soms lang wachten want de schepen meerden pas af als ze redelijk vol waren, met personen en goederen. Rond 1600 stelden de Hollandse steden vaste vertrektijden in, vaste tarieven en vaste routes. Als je haast had, kon je ook voor een postkoets of huifkar kiezen: duurder en sneller dan met de boot, maar veel minder comfortabel. Onverharde, stoffige of modderige wegen, en niet geveerde karren maakten de rit weinig aangenaam.

Adriaan Pieterszoon van de Venne schilderde in 1615 de belangrijkste manieren van vervoer van dat moment: de zeilboot en de paardenkoets.

	M'n meester, denk ik, heb me totaal vergeten,
835	En as-ie nooit meer kwam, kreeg 'k dan geen eten meer?
	Nee, zover hoeft 't nie te kommen. 'k Ken maar 't beste uit bedelen gaan,
	Bij de deftige huizen, en ook de kleine nie vergeten.
	Maar ho! 'k Moest hier de sleutel neerleggen,
	As m'n jonker dan komt, dan heb-ie tenminste geen kritiek.

Hij legt de sleutel op een richel naast de deur en gaat op pad.
Jerolimo

840	Jasses, 't gewoêne volk is hier wel ruw en ordinair,
	't Maôkt giên onderschaaid tussen 'n staôtige man,
	En 'n botte lomperik, die armoedig is, simpel en dwaôs.
	'k Betreur 't zeer da 't volk hier zoê **bot** is.
	Als hier 'n Prins of 'n Heer 't land iêns komt bezoeken,
845	Dan zullen ze die giên respect of hulde toênen.
	Zonder hun hoed af te niêmen staôn ze te kaaiken,
	En ze laôten 'm zonder 'n iêrvolle groet veurbaai gaôn.
	Ons Braôbant stiêkt daôr ver boven uit:
	't Volkske is 'r beliêfd, en met goe verstand,
850	En welspriêkend, en gracieus in 't eerbetoên,
	Welgemanierd opgevoed als de kinderen van Heren.
859	Den Ollanders zaain maôr sukkels,
860	Ze zaain nie genereus, hoe raaik ze oêk gekliêd gaôn in 't zwart.
	In Aentwaerpen, op de Vraaidagmarkt, is 'r giên man te vinden
	Die, hoe iênvoudig die oêk is, nie oêk nog veur zaain vrouw
	met gouddraôd en zaaide geborduurde borststukken koêpt, versierd met gouwen knoêpen,
	En rokken van sataain, en jurken van fluwiêl.
865	Die draôgt daôr iederiên! Zelfs de hoeren in 't bordeel
	Zaain zelfbewuste lieden. Maôr... ligt de sleutel buiten?

Jacob Trigland (1583-1654), een strenge calvinistische predikant uit Amsterdam. Hij werd later hoogleraar theologie in Leiden.

Black is beautiful!

Jerolimo verwijt de Hollanders dat ze onfatsoenlijk, **bot** en krenterig zijn, hoewel ze zich duur in het zwart kleden. Zwart was de meest populaire kleur omdat het er sjiek en kostbaar uitzag. Vandaar ook dat belangrijke personen vooral in zwarte kleding op schilderijen poseerden, in fijn linnen, prachtige zijde of wol. Waarom was die kleur dan zo prijzig? Eerst moest de wol blauw geverfd worden en dan wel drie keer over elkaar zwart om de stof echt donker te krijgen. Hiervoor gebruikte je indigo, een kostbare verfsoort omdat die geïmporteerd werd uit India.

De overdaad aan zijde, fluweel en kant laat de rijkdom van de Gouden Eeuw zien. De **immigranten** uit Brabant en Vlaanderen maakten de Hollanders modebewust. Dat weten we door een preek die in 1614 in de Oude Kerk van Amsterdam werd gehouden. In die preek trekt dominee Jacob Trigland van leer tegen modieuze Amsterdammers:

Allerlei kostbare en vreemde soorten kleding dragen de mensen hier. Geborduurde borststukken, waarop parels en een dikke

laag goud moet liggen. Kilo's zware ringen worden gedragen, en men geeft luxueuze maaltijden en banketten. De een is op z'n Spaans, de ander op z'n Italiaans, weer een ander op z'n Frans of Duits gekleed. [...] Maar het ergste is nog dat de mensen die uit Brabant en Vlaanderen naar Holland zijn gevlucht, die pronkerij hiernaartoe hebben meegenomen! Daarover hoort men de Hollanders vaak klagen. Ze zeggen: 'De Brabanders hebben ons deze nieuwe modes gebracht. Want vroeger was hier slechts eenvoud te zien. Maar vanaf het moment dat die Brabanders hierheen zijn gekomen, is de pronkzucht hand over hand toe gaan nemen.'

        Maain jongen is nie thuis. 'k Zal de deur maôr efkes ontsluiten,
869   Dan gaô 'k op de binnenplaôts wa heen en weer wandelen.
Als Jerolimo het huis is binnengegaan, komt Robbeknol met een grote berg eten aanlopen.
Robbeknol
870   Dit smaakt ouderwets lekker. Kom op, magere wangen,
        Nou motten jullie 's laten zien wat je ken.
        Kijk, hier is spek zat, hier krijgen jullie 't volop,
        Prima lever, goed brood, 'n ossenkop, schapenbout,
        En 'n worst, en nog 'n koeienpoot! Hier is behoorlijk wat te schransen.
875   'k Mag de mensen wel hartelijk bedanken.
        Lieve God! Hoe krijg 'k 't op? M'n buik die staat al bol,
        Want 'k heb bijna 'n brood van twaalf pond in m'n lijf,
        En ook nog 'n pan met de allerbeste gortepap...
        Daarom vraag 'k me af hoe 'k dit 't beste soldaat ken maken.
881   Jezus, wat 's dit? M'n kaken worden zo moe.
Hij ziet opeens hoe laat het al is.
        Verdorie, wat te doen? Hoe zal m'n jonker tekeergaan,

        De klok staat al zo laat, 't is al over vijven.
        Daar gaat-ie dan, 'k klop an. Hemeltje lief!
Jerolimo
        Waôrom waart ge weg?
885   Waôr zaait ge toch geweest?
Robbeknol
        Ach Heer, sla me nie,
        Want 'k heb meer as twee uur op u gewacht.
        Op 't laatst kon 'k 't niet meer uithouwen van de honger,
        Zó hard ging m'n lege maag tekeer...
        Daarom ben 'k maar uit bedelen gegaan.
890   En kijk, ze hebben me al deze hapjes gegeven.
        Hé, uw gezicht! Uw gezicht staat nie stuurs, en ook niet kwaad.
Jerolimo
        Ik heb nog op oe gewacht met 't iêten, maôr
        Wat ik oêk wachtte, gaai kwam nie, toen ben ik maôr begonnen.
906   Robbert, maain goeie knecht, sinds 'k hier kwam woênen,
        Zat 't me noêit iêns mee; da kon oêk nie.
        Dit huis moet op kwaôie grond zaain gebouwd, denk ik.
912   Daôrom beloêf ik oe, zodraô de maônd verstriêken is,
        Zal ik zowel maain ongeluk als dit huis ontloêpen.
Robbeknol *(gluurt uit zijn ooghoeken naar Jerolimo)*
        Wat loert-ie naar m'n schapenbout, hoe kijkt-ie naar m'n brood.
915   Ai, hij ziet geen moment weg van m'n schoot,
        Die nou m'n tafeltje is. Kijk z'n ogen 's smachten!
        'k Heb warempel medelijden met die arme vent.
        Want zelf heb 'k die ellende vaak gehad,
        En 'k maak nog dagelijks mee wat 'm nou pijn doet.
920   Wat zal 'k doen? 'm Mee laten eten? Hij zal me nie dankbaar wezen,
        Want kijk, hij zei dat-ie vanmiddag al heb gegeten.
        Toch denk 'k dat-ie vandaag nog niks te bikken heb gehad.
        'k Zou z'n verdriet wel 'n beetje willen verzachten,
        Zoals 'k 'm gist'ren ook an wat te smullen hielp,
925   Toen 'k z'n razende honger met 'n paar kruimpies brood heb gestild.

Bergen eten

Wat heeft Robbeknol voor maaltje bij elkaar gebedeld? Brood, heel veel vlees en gortepap als toetje. In de Gouden Eeuw werd de tafel doorgaans driemaal daags gedekt. Bij het ontbijt en de avondmaaltijd namen tarwe- en roggebrood een belangrijke plaats in. Het brood werd besmeerd met boter en belegd met kaas. Alles werd weggespoeld met **dun bier**, bier dat met water was verdund. Thee en koffie kwamen pas later in de 17de eeuw in beeld. De armen aten bij het ontbijt 'brij' of een pap waarin peulvruchten, gort, erwten of broodresten waren verwerkt, soms met gebakken vis (spiering). Rond het middaguur werd de warme hoofdmaaltijd gebruikt, gewoonlijk met een salade van bieten, wortels, bonen, paardenbloem of artisjokken, in een saus van boter en azijn. Daarbij stond soms vlees op het menu, meestal kip en varken in een stoofschotel. 's Avonds kwamen de restjes van het middagmaal op tafel, of brood en pap. Rijkere mensen konden zich wild permitteren, en gebraden vlees van os, schaap, rund en kalf. En ze aten fruit.

934 Jonker, as je wilt, tast toe, dat brood, dat 's goed spul,
935 En deze koeienpoot eveneens, en deze bout is ook zo lekker,
Al kon je geen pap meer zeggen, je zou d'r zo zin in krijgen.
940 *(tot het publiek)* Wat denken jullie? Zit z'n maag al vol?
Hij kluift de botjes nog schoner af as de honden doen.

Jerolimo
Och, dit 's hiêl lekker!

Robbeknol
De saus waarmee je 't eet,
Die is 't lekkerste van de hele wereld.

Jerolimo
God allemachtig! Het smaôkt me zo ontzettend goe,
945 Alsof 'k twiê hiêle daôgen nie gegiêten hadde.

Maar als Jerolimo zijn honger wat heeft gestild, is ook de rust voorbij.

950 Ga naôr 't ledikant en niêm de sprei van 't bed,
En vouw 't taôfellaôken, met maainen servet
En leg 't op de veurraôdkast.

Robbeknol
'k Zal 't doen, meneer.
Hier hebben we, verdomme, z'n eigendunk weer!
Hij wil z'n gewichtigheid ophouwen met stevige taal,
955 Maar hij heb geeneens 'n nagel om an z'n gat te krabben.

Arme gezinnen aten meestal pap uit een grote schotel, waaruit dagenlang werd opgeschept. Ze brachten de inhoud ervan iedere dag gewoon nog eens aan de kook, met nog wat nieuwe ingrediënten die ze vaak op de markt kochten. Ets door Adriaan van Ostade uit 1653.

CONTEXT

Zorg voor de armen

De 17de eeuw heet ook wel 'Gouden Eeuw'. Maar niet voor iedereen waren het gouden tijden. De Amsterdamse haven bood weliswaar veel werk, maar niet het hele jaar door en de lonen waren laag. Als de oogsten weer eens mislukt waren, heerste er hongersnood. Ondervoeding verzwakte de mensen en gaf allerlei ziekten een kans. Armoede drong de stadsbewoners samen in de mindere buurten, vaak onder erbarmelijke omstandigheden opeengepakt. Het stonk in de smalle steegjes en in de kleine, vervallen woninkjes. Bovendien wemelde het er van ongedierte. Een zachte winter had direct een muizen- en rattenplaag tot gevolg. Veel mensen deden een beroep op hulp en ondersteuning.

De rijkere Amsterdammers waren vrijgevig. Vanouds droeg de christelijke gemeenschap zorg voor de armen en ouderen in hun stad. Wie de armen en zieken had geholpen, zou gemakkelijker in de hemel komen, dacht men. Maar aan het begin van de 17de eeuw explodeerde het aantal bewoners dat aanspraak wilde maken op bijstand, vooral door de toenemende immigratie. De georganiseerde armenzorg beperkte zich tot de **echte armen**. De stad deelde brood, boter, kaas en turf uit aan ouderen, weduwen en wezen. Weeskinderen kregen onderdak in een weeshuis, en ook waren er 'gasthuizen' voor zieken. Wie een besmettelijke ziekte had, moest uitwijken naar het pesthuis, buiten de stadspoort.

Ouderen die geen hulp uit hun directe omgeving mochten verwachten, woonden in het **Oudemannen- en vrouwenhuis** (bejaardenhuis). In de 17de eeuw kregen het weeshuis en de bejaardenhuizen financiële ondersteuning vanuit de opbrengsten van collec-

Het Sint Pieters Gasthuis in 1544. Dit was het **armenhuis** *waar dakloze, behoeftige en zieke mannen werden gehuisvest. De afbeelding is gebaseerd op een plattegrond waarop alle huisjes, straatjes en grachten in de stad precies zijn ingetekend. Om een goed beeld van het gebouw te krijgen is het op deze afbeelding even losgemaakt van alle bebouwing die er dicht naast stond. Dit gasthuis stond midden in de stad, in de buurt waar Bredero in 1585 is geboren.*

ten, erfenissen, en... toneelvoorstellingen. De winsten van de voorstellingen die werden gespeeld op de **rederijkerskamer**, de **Nederduitse Academie** en de Schouwburg, vloeiden voor een belangrijk deel in de kas van sociale instellingen. De succesvolle stukken van Bredero hebben er dus aan bijgedragen dat de stad deze zorg kon bieden.

Stad van de betaalde liefde

Wie tegenwoordig over de Amsterdamse Wallen dwaalt, ziet overal roodverlichte ramen. Al in de 16de eeuw vermaakten zeelieden en handelaren zich in diezelfde straten en stegen met vrouwen van lichte zeden. Kleine bordelen, vaak geleid door een wat oudere vrouw, de hoerenwaardin, schoten als paddestoelen uit de grond. Aan het eind van die eeuw kwam er een stedelijk verbod op prostitutie. De bordelen moesten op slot. Niemand mocht meer woonruimte verhuren aan bordeelhouders. Bij overtreding werden de hoerenwaardinnen en prostituees opgesloten in het **Spinhuis**. Daar moesten ze vlas spinnen, naast de dieven, alcoholisten en bedelaars die er tewerk waren gesteld. In de kermistijd, eind september, was het open dag. Je kon dan gratis gaan kijken hoe ze achter de tralies hun werk verrichtten.

Daarmee lijkt het einde verhaal voor de hoertjes. Maar natuurlijk woekerde de prostitutie voort, in duistere steegjes en louche kroegen, nabij de haven. In de herbergen maakte de kroegbaas afspraken met een hoerenwaardin. Zij bleef met haar meisjes in de zaak tot sluitingstijd, zodat de geïnteresseerde mannen flink consumeerden. Na sluiting werd het contact met de klant op een andere plek voortgezet, bijvoorbeeld in het huis van de hoerenwaardin zelf. In een tijd dat de stad groeide en de welvaart toenam, werd prostitutie een bedrijfstak van jewelste, waarin veel inwoners hun brood verdienden. Matrozen en soldaten uit alle windstreken zochten vertier in de stad. Er waren hoertjes genoeg. Door armoede en honger raakten veel alleenstaande jonge vrouwen, vaak **immigranten**, in de prostitutie verzeild. In handen van een hoerenwaardin stapelden de schulden zich op. Aan haar moesten de hoertjes het grootste deel van hun inkomen afstaan, voor eten, een slaapplek en schone kleren.

Vrouwen in het **Spinhuis** *te Amsterdam. Tekening van François Dancx.*

3   Wat moeten we hier met al die buitenlanders?

HET DERDE BEDRIJF
Eerste toneel:
Robbeknol

Eindelijk hebben Robbeknol en zijn Antwerpse meester Jerolimo een keertje genoeg kunnen eten. De jongen heeft wel in de gaten dat Jerolimo een armoedzaaier is, hoe hoog deze jonker ook van de toren blaast.

956 Men zegt wel 's: 'Wie goed drinkt, slaapt goed, en
    wie goed slaapt, doet geen zonden,
   En wie geen zonden doet, die komt in de hemel'.
   Maar 'k heb goed geslapen, en voor één keer
    genoeg geschranst,
   Toch heb 'k nog nooit wat gemerkt van geluk.
960 Wat loopt 'n mens op aarde veel gevaar!
   Wat mot je niet voor 'n tegenspoed en ongemak
    ondergaan!
   Is d'r iemand die dat niet weet? Vraag 't anders maar
    an mij,
   Ik die 't as geen ander heb ervaren
   Door alle narigheid die 'k heb motten lijden,
965 Door honger en dorst, en nog meer ellende,
   Door nou 's hier dan weer daar te zwerven, bij vriend
    en vijand.
   Wat voor vreemde meesters heb 'k niet gediend?
Robbeknol verwijst hier naar eerdere avonturen uit de schelmenroman Lazarillo de Tormes.
   Welke meester ik ook kreeg, hij was zuinig en gierig,
   En d'ene was nog vrekkiger en kariger as d'ander.
970 Nou heb 'k d'r weer een die me niks te bikken of te
    drinken geeft,
   Maar die 'k zelf te eten mot geven.
   Toch mag 'k hem wel. Want kijk, iedereen weet:
   Wie niks heb, die ken 'n ander ook niks geven.
   En hoewel 'k ontzettend veel armoe leed,
975 Had 'k toch steeds medelijden met hem ook!

   Net is die arme sloeber in z'n hemd naar de plee
    gelopen,
   Hier, achter 't huis. 'k Mot z'n beurs es pakken,
   En daarin snuffelen, dan hoef 'k d'r niet langer over
    te twijfelen.
   Ja! 'k Mot 's gauw z'n broek gaan doorzoeken.
Hij staat op en voegt de daad bij het woord.
980 Nou es kijken in z'n wambuis, en in z'n mouwen...
   Jeminee! Hier heb 'k z'n beurs, maar die heb wel
    duizend vouwen,
   Dit is niks, niks, niks, niks, niks, niks, nee, niks is hier
    nog 't meeste.
   't Lijkt d'r op dat 'r sinds lang geen cent in heb
    gezeten.
   Och, dit is 'n arme drommel! Ja, beslist
985 Verdient-ie m'n medelijden, door z'n armoe.
Robbeknol loopt met de beurs naar buiten. Nu weet hij het zeker. Liever dan voor al die vorige meesters die vooral gierig en zelfzuchtig waren, werkt hij voor Jerolimo.
996 Maar één ding wou 'k wél, en dat is dat-ie z'n plek
    kende,
   En dat-ie z'n eige niet zo trots gedroeg as-ie doet.
   Maar 't lijkt wel 'n wet die door 't Brabantse volk
   Stipt wordt nagevolgd, de mannen en de vrouwen.
1000 Al die verlopen types zijn allemaal Juffrouwen en
    Heren,
   Al hebben ze, zoals ik, geen cent te makken.
   'k Hoop dat God ze van deze armoe geneest voordat
    ze ons d'r mee besmetten,
   Maar 'k ben bang dat ze met die zonde zullen
    sterven.
   Nou, voordat m'n meester hier komt, zal 'k naar
    binnen gaan
1005 En z'n beurs weer terugvouwen in die duizend
    plooien.

Een geitenleren beurs uit de 16de eeuw vol vakjes en vouwen.

Een rammelende redenering

Aan het begin van het bedrijf klaagt Robbeknol steen en been over zijn ongelukkige leven. Ja, hij heeft lekker geslapen en ook genoeg gegeten, maar toch voelt hij zich niet gelukkig. Dat begrijpt hij niet, want iedereen weet toch dat wie goed drinkt en slaapt uiteindelijk in de hemel moet komen en dus gelukkig zal zijn. Het klinkt overtuigend, maar je voelt dat Robbeknols redenering niet klopt. In de eerste plaats gaat de vergelijking natuurlijk mank: want de gelukzaligheid van in de hemel komen kun je nu eenmaal niet goed vergelijken met het (niet) gelukkig zijn van Robbeknol op aarde. Maar ook de redenering is niet logisch. Het is dan ook een **drogreden**: dat is een redenering die geldig lijkt maar dat niet is. Hoe zit dat precies?

Robbeknols redenering heeft de vorm een **syllogisme**. Of eigenlijk drie syllogismen achter elkaar. Een syllogisme (logische redenering) bestaat uit drie beweringen: een majorpremisse (een algemene uitspraak), een minorpremisse (bijzondere uitspraak) en een conclusie. Een **premisse** is de aanname dat iets waar is. Robbeknol doet het zo (r. 956-957):

Syllogisme 1
Majorpremisse: Wie goed drinkt, slaapt goed
Minorpremisse: Ik heb goed gedronken
Conclusie: Ik slaap goed

Syllogisme 2
Majorpremisse: Wie goed slaapt, doet geen zonden
Minorpremisse: Ik heb goed geslapen
Conclusie: Ik doe geen zonden

Syllogisme 3
Majorpremisse: Wie geen zonden doet, komt in de hemel
Minorpremisse: Ik doe geen zonden
Conclusie: Ik kom in de hemel

Doordat Robbeknol de beweringen opstapelt, trekt hij een verkeerde conclusie. Ergens in de redenering wordt namelijk misbruik gemaakt van **ambivalentie** (dubbelzinnigheid). Een ambivalente uitspraak is een uitspraak met meerdere betekenissen. De spreker doet zo'n uitspraak met op-

De 'wijsheden' op tegeltjes maken soms gebruik van een ambiguïteitsdrogreden. De uitspraak lijkt dan logisch, maar is dat niet. Vaak zijn ze grappig bedoeld.

zet. Hij bedoelt iets anders dan wat voor de hand ligt. Daarmee bereikt hij een humoristisch effect, want de redenering zorgt voor verwarring. Hoe kan iets wat logisch zou moeten zijn voor zo veel tegenstrijdigheid zorgen? Robbeknol gebruikt dus een **ambiguïteitsdrogreden** (een foute redenering door dubbelzinnige taal bewust verkeerd te gebruiken). 'Geen zonde doen' in het tweede syllogisme betekent zoveel als: door te slapen geen zonden kunnen doen. Maar in het derde syllogisme betekent 'geen zonden doen': je bewust niet zondig gedragen. De aaneenschakeling van syllogismen maakt de redenering tot een drogreden.

Tweede toneel:
Jan, Andries, Harmen

De drie oude mannetjes, die in het eerste bedrijf (vanaf r. 355) bij het kerkhof te vinden waren, komen elkaar nu op straat weer tegen.

Jan
1006 Bonjour, wat is d'r an de hand? Is d'r nieuws, Andries en Harmen?
Andries
 't Gaat zo z'n gangetje, maar niet zo as 't hoort, 't land is vol armoe.
 D'een valt ons hier an, en d'ander daar. O, 't is een slechte zaak.
 En ook nog binnenlandse ruzie en scheuring in de kerk.
Harmen
1012 Ja, 't gaat in de wereld nogal grillig.
Jan
 Dat ken jou niks schelen, hè Harmen? Zolang jij 't maar goed heb, hè?
 Jij bent uit Twente en Drenthe hier berooid an kommen zetten.

Harmen
1015 Maar dat zegt niks! 'k Mag d'r net zo zijn as vijf van jouw soort.
 'k Heb meer meegebracht as jij, snap je dat, Jan?
 Jij kwam hier met je kale reet, en 'k had tenminste nog m'n kleren an.
Andries
 Dat 's waar, die is uitgeluld! (*tegen Jan*) As jij gaat spotten met de vreemdelingen,
 Dan zou 'k me dat erg antrekken, en ik niet alleen.
1020 O beste Jan, as wij en de anderen hier niet waren gekommen,
 Dan zou 't hier lang zo goed niet gaan.
Jan
 Lang zo slecht niet, ken je beter zeggen, want met die lui van buiten
 Kregen we in Holland veel doortrapt schorem.
1026 Die ouwe eenvoud waar we zo hoog van opgeven,
 Is door 't bedrog van vandaag de dag heel snel verloren gegaan.
 Waar is nou 't vertrouwen in mekaar en waar die Hollandse betrouwbaarheid?
 Die is heel ver te zoeken, as je dat al wou.
1030 Toen was 'n woord 'n woord, nou mot je alles vastleggen
 Om sluwe oplichters geen kans te geven.
Andries
 Wie anders as wij bracht hier winkels en handel?
Jan
 Wie anders as jij bracht hier list en bedrog?
Harmen
 Wie bracht hier de scherpte in je botte verstand?
Jan
1035 Wie bracht hier de slechtheid om onze oprechtheid te verstoren?
 Wanneer 'k hierover nadenk, ja dan weet ik zeker
 Dat de Amsterdammers d'r nog veruit 't slechtst vanaf kommen.
 Wat voor handelscontract we ook met vreemdelingen sluiten,
 Ze weten onze burgers altijd flink af te zetten.

Scheuring in de kerk

Op de vraag van Jan of er nog wat nieuws te melden is, wijst Andries op de 'scheuring in de kerk'. Wat bedoelt hij precies? In de tijd dat Bredero zijn *Spaanse Brabander* schreef, was er onder de protestanten een felle discussie losgebarsten over de goddelijke voorbeschikking (uitverkiezing) van de mens door God. Had God al bij de geboorte bepaald wie in de hemel kwam of niet? De **contraremonstranten** meenden dat God het noodlot van alle mensen voorbeschikt had. De mens kon daarop zelf *geen* invloed uitoefenen. De **remonstranten** geloofden echter dat mensen hun uiteindelijke lot door goed of slecht gedrag nog wel een beetje konden beïnvloeden. Deze geloofskwestie lag heel gevoelig en het kon gevaarlijk zijn als je er openlijk over sprak. Maar in 1570 speelde deze discussie nog helemaal niet. Is dit dan een **anachronisme**? Omdat het antwoord van Andries nogal vaag is, zouden de toeschouwers hier ook aan een andere 'scheuring' kunnen denken, die de Nederlanden in die vroege periode wél bezighield: die tussen katholieken en protestanten. Zo wist Bredero het verleden te verbinden met de actualiteit, een **literaire truc** dus. Literatuur is namelijk **fictie** en een auteur kan de werkelijkheid naar zijn hand zetten. Door juist deze vage omschrijving te gebruiken liet Bredero zijn toeschouwers kritisch nadenken over de situatie in 1617 terwijl hij toch een veilige afstand kon bewaren tot wat er in het verhaal over die actualiteit werd gezegd.

Harmen
1040 Dat spelletje wordt wel 'Kijk uit' genoemd, maar welbeschouwd
Zijn de Hollanders bij lange na de beste niet.

Echt genuanceerd verloopt de discussie niet. Jan scheert de vreemdelingen over één kam, Harmen doet dat met de Hollanders. En de Amsterdammers waren zelf ook gewiekste handelaren, vult Andries nog aan. De mannen bekvechten nog even door, maar daarna vinden ze elkaar in hun gezamenlijke armoede en jaloezie tegenover rijke burgers die alles voor elkaar krijgen.
[...]
De oude mannetjes praten nog even door over de crisis. Ook wisselen ze actuele roddels uit. Totdat een klok gaat luiden...

Harmen
1142 Maar wat hoor 'k daar? Wat ken dat beduiden?
Andries
Dat is de klok van 't stadhuis, men gaat 'r wat afkondigen.

Derde toneel: Robbeknol

(te midden van een grote groep mensen)

't Volk stroomt naar de Dam. Wat of dat betekent?
1145 Ze gaan 'n vonnis voltrekken, want de klok luidt.
Daar mot 'k bij wezen, en kijken of ze iemand afranselen.
Maar al krijgen ze zweepslagen, ze beteren hun leven nooit.
Ja, de kussens worden neergelegd. Daar is meneer de schout
Met de secretaris. Zorg dat je nou je mond houdt.

De kussens met het stadswapen liggen inmiddels op de vensterbank van het stadhuis, een teken dat de afkondiging uitgesproken gaat worden. In het open raam staat de schout klaar, met een groot blad papier in zijn hand.
De schout leest de proclamatie voor:

De edelachtbare Heren van de Rechtbank van de stad Amsterdam verklaren het volgende.

Gezien de vele bedriegerijen en de grote toeloop van gezonde maar luie nietsnutten, zwervers, nutteloze bedelaars en de grote hoeveelheid van niet-Amsterdamse armen, waaronder zich ook overvallers, rovers en dievetuig verschuilen die eraan verdienen,
gezien ook de noodzaak om de hieruit voortkomende verraderlijke overvallen, diefstallen en plunderingen, alsmede het goddeloze dobbelen, gokken, vechten, de dronkenschap en hoererij tegen te gaan,
gezien tevens de geringe voorraad graan en de ongunstige vooruitzichten op verbetering ervan, alsmede de hoge prijzen ten gevolge hiervan, die wel moeten leiden tot hoge lasten voor de gemeenschap en tot schade voor onze eigen **echte armen**,
gezien dit alles hebben de genoemde edelachtbare Heren bij verordening bepaald, zoals ze ook verordenen met deze akte, dat voortaan geen bedelaars, landlopers, zwervers, geld-aftroggelaars, en bedriegers, of ze nu oud of jong, blind, kreupel, mank, melaats of wat dan ook zijn, zullen mogen rondtrekken om aalmoezen te verzamelen op markten, bruggen, voor kerken, poorten, en op hoeken van straten. Maar ze zullen meteen uit de stad moeten vertrekken, op straffe van openbaar op het schavot flink gegeseld te worden.
Verder eisen genoemde edelachtbare Heren dat niemand de gerechtsdienaars en controleurs die met dat doel aangesteld worden, zal proberen lastig te vallen of met geweld te hinderen bij het uitvoeren van hun taak en bij het gevangenzetten van de met opzet luie boeven en werklozen, op straffe van het bovenvermelde.
Verder eisen ze dat alle **echte armen** verplicht zullen worden hun naam, straat en woonplaats door te geven aan de **aalmoezeniers** die daartoe zijn aangesteld, zodat die laatsten kennis van hun armoede hebben en indien nodig op passende wijze in hun behoefte voorzien.

Aldus vastgesteld door het stadsbestuur: de akte opgemaakt op de 18de maart. In aanwezigheid van meneer de **schout** en al de **schepenen**.

Hollandse botheid

Jan haalt als geboren en getogen Amsterdammer stevig uit naar de vreemdelingen die door hun bedriegerijen de '**oude eenvoud**' van zijn stadsgenoten te gronde hebben gericht. Waar zijn de degelijkheid en betrouwbaarheid gebleven die toch altijd bij de Amsterdammers hadden gehoord? En wat is er nu over van het vertrouwen? De uit Drenthe afkomstige Harmen verdedigt de nieuwkomers: de Hollanders hebben van nature nu eenmaal een **bot** (simpel) verstand. Ze mogen de **migranten** dankbaar zijn dat die hun enige slimheid hebben bijgebracht. In het eerste bedrijf had Jerolimo zijn knechtje al ingepeperd dat de Hollanders botteriken waren, domkoppen en naïevelingen. Waar komen die **stereotypen** vandaan?
In de Late Middeleeuwen gingen de Hollanders door voor **bot**, onnozel en boers. Ze zouden een aangeboren afkeer hebben van alle pracht en praal. In zijn *Lof der Zotheid* (1511) verklaart de Rotterdamse geleerde Desiderius Erasmus de Hollandse simpelheid uit hun veronderstelde eerlijkheid. Nederlanders zouden oprechte, soms zelfs wat naïeve mensen zijn. Je gebruikt zo'n stereotiepe karakterisering snel omdat die beantwoordt aan het beeld dat iedereen van een bepaalde bevolkings-

groep heeft. Dat beeld bevestigt zichzelf keer op keer. Je accepteert zo'n generalisatie dus gemakkelijk. Nog steeds wordt de leus 'Doe maar gewoon, dan doe je al gek genoeg' verbonden met de Nederlandse volksaard, die vooral nuchter zou zijn.

Sociale spanningen in de stad

Of er nog iets nieuws valt te melden? Zo begint de oude Amsterdammer Jan het gesprek met Harmen en Andries (r. 1006). De laatste omschrijft de situatie in het land als chaotisch. Er heerst veel armoede, en er is overal oorlogsdreiging. Bovendien wordt het land geteisterd door binnenlandse conflicten: de kerk kampt met een flinke onenigheid onder haar leden. Niet niks dus. Maar Jan vat alle ellende samen door naar de **migranten** te wijzen, en in de eerste plaats naar Harmen en Andries, die met weinig tot niets naar Amsterdam zijn gekomen. De kritiek richt zich vervolgens niet op de **echte armen**, de goedwillenden die er niets aan konden doen. Maar de stad moet worden verlost van de **oneerlijke armen**, de gewetenloze oplichters, beroepsbedelaars, dobbelaars, moordenaars en dieven die ten onrechte profiteren van de Amsterdamse goedgeefsheid. Andries en Harmen hebben weinig weerwoord en als Jan is uitgeraasd, veranderen ze van onderwerp.

Bedelaars vragen om geld bij een bakkerskraam op de markt.

De proclamatie

De scène met de oude mannen wordt onderbroken door het voorlezen van een **proclamatie**. Dat is een plechtige bekendmaking van een genomen besluit, uitgesproken voor de bevolking. Het stadsbestuur heeft de proclamatie opgesteld. De aanleiding is duidelijk: er doen zo veel vreemdelingen een beroep op de armenzorg dat de spanningen hoog oplopen. Het wordt tijd om paal en perk te stellen aan de bedelarij! Om aan alle inwoners van de stad nieuwe regels bekend te maken gebruikten de bestuurders verschillende middelen. De bepalingen konden via een **plakkaat** worden verspreid, een gedrukte, officiële mededeling namens het stadsbestuur. Zo'n plakkaat werd vaak in de stad opgehangen, op een plek waar veel mensen langs kwamen. Soms werden de regels nader uitgelegd of besproken in

Het oude stadhuis op de Dam. Als de schout een proclamatie voorleest, doet hij dat vanuit een van de vensters boven de ronde bogen.

een **pamflet**, een dun boekje dat naar aanleiding van een bepaalde gebeurtenis was gedrukt en meestal ook een standpunt tegenover die regels innam. In de *Spaanse Brabander* wordt vanuit een venster van het stadhuis een **proclamatie** voorgelezen met nieuwe regels. Bedelen mocht niet meer omdat te veel mensen daar misbruik van maakten. Bedelaars wilden niet werken of ze deden zich voor als invalide terwijl ze dat helemaal niet waren. De goedwillenden, de **echte armen**, moesten zich registreren bij de **aalmoezeniers**, aan de kerk verbonden personen die waren belast met de zorg voor de zieken en armen. Om de regels kracht bij te zetten wordt in de proclamatie extra controle aangekondigd. Niemand mocht de inspecteurs hinderen als ze luie bedelaars en boeven oppakten.

De proclamatie moet voor de toeschouwers van de *Spaanse Brabander* heel realistisch hebben geklonken. De bepalingen zijn namelijk voor een deel letterlijk overgenomen uit een daadwerkelijk afgekondigd plakkaat van een paar jaar eerder waarin bedelarij werd verboden. Het plakkaat bepaalde dat buitenlandse bedelaars die niet konden werken en die zwervend en bedelend rondtrokken, het gewest moesten verlaten, en wel binnen vier dagen nadat de mededeling openbaar was gemaakt. Anders zouden openbare geseling, brandmerken en uitzetting (verbanning) volgen. Het probleem van zwervende bedelaars woekerde echter nog eeuwenlang voort. Zonder veel resultaat volgden de plakkaten en maatregelen van gewestelijke overheden en stadsbesturen elkaar op. Het onderscheid tussen de eigen burgers en vreemdelingen zonder inkomsten werd hierin steeds scherp gehanteerd. Eigen burgers eerst!

Vierde toneel:
Andries, Jan, Harmen

Andries
1150 Wat denk jij d'r van, Jan, is dat niet goed bedacht?
Jan
D'r is in lange tijd geen beter besluit genomen.
Harmen
Ja, maar hoe goed je 't ook doet, toch zal iemand d'r
   wel weer kritiek op hebben.
Andries
Ja? Wie dan? Zeker dat gespuis van schooiers,
   schurken, profiteurs,
Of ander schorriemorrie van dat smerige tuig.
Harmen
1155 Nee! De fatsoendelijke lieden die onder de armoe
   lijden.
Harmen bedoelt dus de echte armen.
Jan
't Is echt beter voor hen die hier in ellende leven
Dat ze uitkomen voor hun armoe en gebrek.
Men zal ze dan helpen, en dat is goed, denk ik.
Zo zet men 't makkelijkst de oplichters 't land uit.
Andries
1160 As men de armen overal zou wegsturen,
Waar zouwe ze dan uiteindelijk terechtkomen?

Jan
Daar motte ze zelf maar wat op vinden. Waarom
   neem je 't zo voor ze op?
Ben je soms bang dat je zelf ook snel mot
   vertrekken?
De burgers worden 't zat om steeds zo veel te geven,
1165 En de vreemdelingen, die slecht Nederlands spreken,
   worden d'r lui van.
Zij zijn de oorzaak van 't gebrek bij de echte armen,
Die tegen hun zin hun schaamte om te bedelen
   opzijzetten voor wat droog brood.
Onder de lui die te eten krijgen van 't armenhuis
Zul je nog geen twintig kinderen vinden van
   Amsterdamse burgers.
1170 Daar zijn ze te trots voor. Maar die Moffen en andere
   Duitse lomperds,
Ja, dat zijn rasbedelaars van jongs af an zo
   opgevoed.
1176 Wat dringt 'r vrijdags 'n toeloop de stadspoort
   binnen
Van vreemde klaplopers die gebroken Hollands
   brabbelen.
Allemaal gezonde vrouwen, maar met verband en
   zwachtels om,
Met hele troepen tegelijk, maar stilletjes vanwege de
   schout,

Actualiteit van lang geleden

Jan raakt maar niet uitgepraat over de buitenlanders die massaal 'zijn' stad overspoelen. Maar was dat werkelijk al zo in de periode waarin het verhaal zich afspeelt, zo rond 1570? Zwierven er toen al zo veel Duitsers in de stad rond die tot 'rasbedelaars' waren opgevoed? Hielden werkelijk zo veel zogenaamd invalide of zieke vrouwen hun hand op? Ook dit is een **anachronisme**. Rond 1570 waren er nauwelijks vreemdelingen en bedelaars in Holland. Maar in de tijd dat Bredero de *Spaanse Brabander* schreef, was dit wel een probleem geworden. Want vanaf het begin van de 17de eeuw nam de vraag naar arbeidskrachten zo sterk toe dat hele groepen werkzoekenden uit andere streken, vooral uit de Duitse gebieden, naar Amsterdam trokken. Niet iedereen vond er meteen een baantje, waardoor de bedelarij opspeelde. Amsterdam veranderde binnen drie generaties van een overzichtelijke samenleving in een metropool met alle problemen van de grote stad.

1180	De Nieuwendijk langs, en verder door alle straten.
	't Volk is hier goedgeefs, dat blijkt uit hun liefdadigheid.
	Maar 't is weggegooid geld, want is 't niet van de zotte
	Dat je 't lieden geeft die 't verkwisten bij 't kaatsspel,
	Zondagmorgen net binnen de stadspoort, of d'r buiten?
1186	Of door 't te verkegelen, of met elkaar te verdobbelen?
	Of door 't knikkerspel, of met balletje-balletje?
1196	En dan zou je dit misbruik niet mogen verketteren?
	En ook niet mogen schelden op wie 't geld zomaar verzuipen,
	En hun vrouw en kinderen in kommer en kwel laten?

De drie oude mannen wijten de maatregelen van het stadsbestuur aan het wangedrag van vreemdelingen. Maar ook Robbeknol heeft de proclamatie gehoord en denkt na over de gevolgen ervan voor zijn Antwerpse meester. Om op een eerlijke manier aan eten te komen haalt hij zijn Bijbelboekje tevoorschijn: hij zal met voorlezen zijn kostje verdienen.
[...]

Zesde toneel:
Trijn Snaps, Els Kals, Jut Jans

Drie oude vrouwen staan buiten op straat. Trijn Snaps begint een flink potje te schelden tegen Jan, die haar kennelijk luidkeels voor 'hoer' heeft uitgemaakt en ook nog heeft gezegd dat haar man vreemd gaat.

Trijn
1252	Dat gaat je niks an, hoor je wel, Jan Drogekurk?
	Je vrouw zal 'n hoer wezen, of je dochter, of je schoondochter!
	Rot op, hoerenloper die je bent, klojo, vlug naar je wortelteef.
1255	Je hebt mazzel, rare pisdief, dat 'k je bakkes niet tot gruis wrijf!
	'k Ben 'n fatsoendelijke vrouw, niks minder as jij of wie ook.
	Wie rijk is, komt 'r ook niet eerlijk an! Wat treitert die etter me!
	Gaat m'n man vreemd? Ga jij je mond 's spoelen.
	Kom tevoorschijn, as je durft, schoft die je bent, 'k zal je leren vreemdgaan!

Toch kwamen de beschuldigingen van Jan wel ergens vandaan...
1270	'k Weet net zo goed as jij dat 'k vroeger 'n hoer was.
	Maar hoe jong 'k ook was, 'k was wel zo wijs dat 'k niet om m'n moeder riep.
	Op m'n veertiende was 'k al mans genoeg voor 'n man.
	En as 'k niet deugen wil, wat gaat dat voor de duivel jou dan an?

Trijn wil het verleden achter zich laten. Jan moet er zijn mond over houden, want niet alle buren hoeven het te horen.

Els
	Nou Trijntje, nou, nou, je hebt nou mooi genoeg en lang genoeg gescholden.
1275	Hebt-ie wat verkeerds gezegd, dan spijt 'm dat, men mot vergeten en vergeven.
	Je bent zo as je bent. Je weet toch dat 'hoer' maar gewoon 'n woordje is?
	Wie 't niet echt is, die mot 't z'n eige ook niet antrekken.

Trijn
	Maar 't gaat om m'n goeie naam!
	M'n eer! M'n eer! M'n eer! M'n eer! Die zal-ie me teruggeven,
	Of 'k zal 'm, kijk 's, met dit mes overhoop steken.

Jut
1286	Maar Trijntje, wat is dit voor praat? Waarom zou je zo tekeergaan?
	As-ie wat heb gezegd en gedaan, dan zal-ie 't zelf wel merken.
	Wees nou niet zo kwaad, stil nou, wees stil, meisje lief.

Trijn pruttelt nog wat na, maar dan gaat het al snel over de armoede. Gelukkig zijn er nog goede mensen. Jut en Els kennen allebei een vrouw die de armen voedsel, brandstof en kleding geeft.
[...]

Spreken is zilver, lezen is goud

Om op een eerlijke manier aan de kost te komen leest Robbeknol de drie oude vrouwen voor uit de Bijbel. Trijn Snaps kan niet lezen want haar ouders hadden haar niet naar school gestuurd (r. 1352). Ook prostituee An kon het **lommerdbriefje** van haar collega Trijn niet lezen (r. 583). Amsterdamse kinderen kregen alleen onderwijs als hun ouders dat konden betalen. Anders leerde je een vak, deed je klusjes, of ging je op de grote vaart, bijvoorbeeld in dienst van de **VOC**. Was er wel geld, dan leerde je zolang je ouders het konden betalen. Je begon met lezen, dan pas kwamen schrijven en rekenen aan de beurt. In de Gouden Eeuw was er nog veel **analfabetisme** in Amsterdam. Veel stadsbewoners konden niet of nauwelijks lezen en schrijven. In de stedelijke gebieden van de **Republiek** ging zo'n vijftig procent van de jongens naar school. Dat lijkt heel weinig, maar in vergelijking met andere landen konden veel mensen lezen en schrijven!

Een kind leert lezen. Prent door Cornelis Jacobsz. Drebbel uit 1605.

Zevende toneel:
Robbeknol, Trijn Snaps, Els Kals, Jut Jans

De vrouwen komen pas helemaal tot rust als Robbeknol ze uit de Bijbel voorleest, in ruil voor een maaltje eten. Het voorlezen bevalt goed want de dames willen meer horen.

Robbeknol
1348 't Verhaaltje is uit, kijk daar ben 'k gebleven,
 buurvrouwtje, daar bij dat tekentje.

Trijn
 Wat is dit toch prachtig mooi! Kom op, laten we nog
 'n hoofdstukkie lezen.
1352 Zelf ken 'k nog geen A van 'n B onderscheiden, m'n
 ouders lieten me 't nooit leren.
 Hoe mooi leest deze jongen! Hoe kennen de mensen
 't verzinnen...

Ze geeft hem iets te eten.
 Pak an, schat! Ach jongen, lees toch nog es
1355 'n Stukkie uit de **evangeliën** van de Bijbel, je weet
 wel, 't geeft nie wat,
 'k Ben katheliek en ga trouw naar de preken,
 Maar wat je daar hoort... Tussen ons, 'k ga d'r m'n
 hoofd niet over afpijnigen
 As daar 'n priester staat te praten in 't Latijn, en d'r
 zo veel geleerdheid bij sleept
 Dattie d'r zelf, effe los van mij, in verward raakt!
1360 Je mot ons zonder poespas en simpeltjes wat
 bijbrengen.
 Wat snapt iemand as ik nou van dat dwaze
 discussiëren?

Els (tegen Robbeknol)
 Nou, m'n lieve zonnestraaltje, nou mannetje, kom
 op:

Evangelie of heiligenleven?

Robbeknol moet een spannend verhaal voorlezen, iets over Jezus of heiligen. Het fijne weten de dames er ook niet van. In het Nieuwe Testament duidt **'evangelie'** op het goede nieuws dat door Jezus Christus is verkondigd. 'Evangelie' (Grieks voor 'goede boodschap') is in de christelijke traditie bovendien de aanduiding van een boek over het leven van Jezus. In het Nieuwe Testament zijn er vier evangelieboeken met een vergelijkbare inhoud: het evangelie volgens Matteüs, Marcus, Lucas en Johannes. Vaak werden de evangeliën voorgelezen aan mensen die zelf niet konden lezen. Dat gold ook voor de populaire **heiligenlevens**, de levensbeschrijvingen van buitengewoon vrome mannen en vrouwen waarin allerlei wonderbaarlijke gebeurtenissen plaatsvinden.

Lees nou 's dat stukkie heiligenleven, gewoon van voren af an.

Robbeknol leest weer voor en de vrouwen genieten. Ze geven hem nog wat te eten en nodigen hem uit voor een volgende keer.

Achtste toneel:
Jerolimo, Robbeknol

Jerolimo (tegen het publiek)
1378 Maôr hoe grillig is toch de loêp van 't lot.
       Wiêt iemand van oe, beste mensen, of Amsterdam
           oêk te koêp is?
1380 'k Wil 't niet in termaainen maôr met contant geld
           betaôlen.
       Poeh koêplieden, poeh meneertjes, *ik ben de
           groêtste van 't land.*
       Als de Staôten van Olland nie zoê druk in de weer
           waôren met lastige zaôken,
       Dan zou 'k ze vraôgen om de Haôrlemmermeer
           droêg te maôlen,
       Op maain aaigen kosten, jawel, 'k doe 't! Ach
           Sjiêzus, ziêker wiêten! Baai Sint-Jan,
1385 Die Ollandse botmuilen zien Sinjeur Jeroêlimo aôn
           veur een onnoêzele vent.

Door 'Sint-Jan' (Johannes de Doper) aan te roepen wil Jerolimo zijn deugdzaamheid onderstrepen. Johannes de Doper werd geassocieerd met onschuld en een deugdzaam leven.

       Jaô, denkt oe da es in, is 't nie van de zotte?
1392 Wiês Jeroêlimo liever dankbaôr, dattie zich zo diep
           vernedert
       Dattie oe stad met de hoêghaaid van z'n
           aônwezighaaid wil vereren.
       Bah smeerpoetsen, 'k heb giêne goesting om hier te
           trouwen,
1395 Al kon 'k de prinses, de dochter van de koêning,
           kraaigen.

Die koningsdochter was Isabella Clara Eugenia, vorstin van de Zuidelijke Nederlanden.

Robbeknol (mompelt in zichzelf)
       Jij mocht al van geluk spreken as je 'n
           putjesschepster kon krijgen,
       Ja, as dwaasheid pijn deed, dan had jij 'n pleister
           over je hele lijf nodig.

Jerolimo (haalt wat munten uit zijn zak)
       Maôr Robbeknol, zie, zonder da 'k d'r op rekende
           doet Onze-Lieven-Heer
       Zaain welwillende hand thans ruimhartig oêpen.
1400 Gaô naôr de Markt, koêpt vliês, broêd en fruit,
       Dan stiêken waai de oêgen uit van die raaike lui en
           van de Duivel.
       En daôr komt baai: 'k wil dagge vroêlaaik zaait,
       Want 'k heb vandaôg 'n ander huis gehuurd, ver van
           hier.
       'k Blaaif in dit vervloekte krot niks langer
1405 Dan deze loêpende maônd, en zaôterdag is de
           laôtste dag.

▶ 60

1408	Tot maain ongeluk kwam 'k in dit huis terecht,
	Dat is veurbestemd tot misère en ellende.
1410	Baai God, vanaf 't moment da 'k 'r kwam, da
	meugde gerust wiêten,
	Proefde 'k noêit 'n slok waain, noch heeft maaine
	mond vliês gegiêten.
	Noêit had 'k 'n momentje rust. Oêk is 't heel slecht
	gebouwd,
	En 't is 'r zoê donker en zoê somber dat 'n mens d'r
	van gruwt.

Hij geeft het geld aan Robbeknol.

Loêp, loêp, loêp, Robbert, loêp, en loêp aôn één stuk doêr,

1415 Nu gaan we peuzelen en schransen als jonge goden.
[…]

Negende toneel: Robbeknol, vrouw, Jerolimo

Robbeknol gaat op weg. Heel even vraagt hij zich af hoe zijn meester aan het geld is gekomen, maar dan…

1435	Waar zal 'k 't brood halen, in de Vogeldwarsstraat, in
	de Duivekater?
	Die vrouw is zo smerig, om te janken. 'k Denk nog
	effe na.
	'k Koop graag veel tegelijk, want 'k ga niet graag
	elke dag naar de markt.
	Dus as 'k 't doe, dan doe 'k 't meteen goed.

Lekker shoppen in hartje Amsterdam

Het buurtje rond het Stadhuis op de Dam stond in Bredero's tijd vol winkels en markten. De centrale ligging van het plein lokte klanten uit alle delen van de stad. Het straatje dat vanaf de Dam aan de rechterkant van het stadhuis naar de Nieuwezijds Voorburgwal liep, heette Vogelsteeg (nr. 28 op de kaart). Hier was de eerste overdekte vleeshal van de stad te vinden. In de Vogelsteeg vond ook wekelijks een flinke boter- en kaasmarkt plaats. Talloze vlees- en viskramen maakten het aanbod compleet. Het zijstraatje richting de Nieuwe Kerk heette Vogeldwarssteeg (nr. 29 op de kaart). Deze straat liep door tot aan het kerkhof. In dit straatje zit de bakkerij die Robbeknol liever wil mijden. Het adres ervan luidt: 'In de duivekater'. Een **duivekater** is een traditioneel Amsterdams witbrood met een dunne korst en zoete smaak, dat rond de feestdagen gebakken werd.

Deel van een plattegrond waarop het oude winkelbuurtje tussen de Dam en Nieuwezijds Voorburgwal (toen nog een gracht) goed te zien is. De Vogeldwarssteeg ligt bij de rode pijl. Het hele buurtje, inclusief het kerkhof en het stadhuis, werd geruimd om plaats te maken voor een nieuw, kolossaal stadhuis, het huidige Paleis op de Dam. Het nieuwe stadhuis werd in 1655 geopend. Kaart van Balthasar Florisz. van Berckenrode uit 1625.

Elk belangrijk adres in Amsterdam had in de Gouden Eeuw een gevelsteen met een afbeelding en naam, of, in het geval van een winkel, een luifelopschrift en een uithangbord. Dat was meteen het adres. Op de foto links zie je het uithangbord van restaurant De Vijf Vliegen in Amsterdam. Aan de bakkerswinkel in de Vogeldwarsstraat moet een groot uithangbord hebben gehangen met een duivekater erop. Ook tegenwoordig wordt dat witbrood nog gebakken, in bakkerij De Duivekater in Purmerend.

Plotseling schrikt Robbeknol op uit zijn gedachten. Een vrouw huilt om haar overleden man. Ze loopt naast een aantal mannen die het lichaam van haar echtgenoot dragen. In de stoet lopen ook priesters mee.

Hé, d'r komt hier 'n dooie langs. Hemellief, 't is 'n begrafenisstoet.

Vrouw

1440   Mijn heer, mijn man, mijn lief, wat is dit voor ellende?
Helaas, waar brengt men je naartoe? In 't ongelukkige huis?
In 't droevige, donkere huis, in 't huis van 't vergeten?
In 't huis waar men niet an drinken noch an eten doet?

De treurende vrouw is bang dat haar man niet naar de hemel maar naar de hel is gegaan. Maar Robbeknol neemt haar woorden letterlijk. Hij denkt aan het huis dat Jerolimo heeft gehuurd.

Robbeknol

O jee, wat hoor 'k daar? O jee, m'n hart dat bonst.
1445   't Lijkt wel of hemel en aarde vergaan!
Ze brengen deze dooie in *mijn* huis, ben 'k bang.
Maar verduiveld, daar zal 'k toch 'n stokkie voor gaan steken.

(*hij schreeuwt*) Te wapen! Te wapen! Moord! Moord! Moord! Brand! Brand!
Help me! Te wapen! Brand! De duivel is in Holland!
1450   Ach meester! Jonker! Heer! Help! Help! Help me de deur te beschermen!
De poort! De deur! Of je zult d'r spijt van krijgen.

Jerolimo

Ach jongen, wa is d'r aôn de hand? Waôrom gadde zoê tekeer?
Wa is d'r da ge zoê heftig de deur dichtknalt?

Robbeknol

Och jonker! Kom toch hier! In m'n eentje ken 'k de deur toch niet houwen!
1455   Want men brengt 'n dooie in ons huis, zeker weten!

Jerolimo

'n Laaik! 'n Doêie? Hoe kan da?

Robbeknol

Ze kwamen d'r an.
En kijk, die vrouw zei: 'M'n heer, m'n man, m'n lief,
Waar brengt men je naartoe? In 't huis van 't vergeten?
In 't huis waar men niet an drinken en an eten doet?
1460   In 't ongelukkige huis, in 't zeer droevige en donkere huis.'
Ach, ach, zij brengen 'm *hier*, kom me toch helpen, jonker,

'k Sta hier met m'n rug tegen de deur te douwen.
Jerolimo
'k Kan nauwelaaiks 'n woêrd spriêken van 't lachen.
Ha, ha! 'k Lach me doêd, 'k ken 't nie langer uithouwen.
Robbeknol
1465 Mot jij d'r om lachen? Ik zou d'r gek van worden.
Jerolimo
't Is wel waôr, Robbeknol, oêk al hedde 'k wa gelachen,
Gij had 'n reden om te denken wa ge hebt gedacht,
Toen ge hoêrde wa dat de droeve wiêduwe zaai,
Die heur gesturven man huilend ter aôrde bestelde.
1470 Maôr Onze-Lieven-Heer hiêft alles ten goede beschikt,
Doe daôrom de deur oêpen en haôl iêten veur ons!

D'r zal oe niks overkoêmen.
Robbeknol
Ach Heer, laat ze eerst 's zijn weggegaan.
Jerolimo
Nou, druktemaôker, maôkt oêpen, sukkel. Wa zullen we nu hebben!
Doet oêpen, kwaôjongen. Snel nu, uilskuiken, loêp deur
1475 En haôl voêr ons 't ontbaait. Hoêrde ge nie wa 'k zeg?
Robbeknol
Nou, jonker, 'k zal gaan hoor, al aarzel 'k nog wel.
Wie ken 'n ander nou van z'n angst bevrijden?

Nee, niemand kan een ander van zijn angst verlossen. Jerolimo kan het dus ook niet. Overal is wantrouwen en angst voor de dood. Niemand weet waar hij aan toe is.

Deel van de titelpagina van Bredero's toneelstukken, uitgegeven in 1622. De hele titelpagina staat op p. 31. Op de afbeelding zie je een uitvergroting van de vijfde cirkel, waarin een scène uit de Spaanse Brabander *met Robbeknol en Jerolimo is afgebeeld, getekend door Willem Pietersz. Buytewech.*

CONTEXT

Lui van buiten

Migratie is van alle tijden en hoort bij grote steden: een groep mensen trekt naar een ander woon- en werkgebied om zich daar te vestigen. Als bestemming kiezen ze vaak steden uit omdat daar meer werk is. De jeugdige Gerbrand Bredero zag duizenden Vlamingen, Brabanders en Walen het tolerantere Amsterdam binnenkomen. Ze waren gevlucht voor het oorlogsgeweld en geloofsvervolging. De **Val van Antwerpen** (1585) laat goed zien hoe zo'n vluchtelingenstroom op gang komt. De Spanjaarden namen de rijke havenstad Antwerpen in. Handel drijven werd vrijwel onmogelijk, want de Hollanders hadden de toegang tot de haven (de Schelde) afgesloten. Tegen de 100.000 mensen trokken weg naar het Noorden. Heel veel dus vergeleken met de twee miljoen inwoners die de **Republiek** toen telde. De gewesten die deel uitmaakten van de Republiek der Zeven Verenigde Nederlanden waren Holland, Zeeland, Utrecht, Overijssel, Friesland, Groningen en delen van Gelre (het huidige Gelderland). Zie het kaartje op p. 74. De meeste migranten trokken naar het gewest met het grootste aanbod van werk: Holland. In het begin van de 17de eeuw is zelfs meer dan de helft van de Amsterdammers in het buitenland geboren.

Een deel van de immigranten was joods. **Sefardische joden** kwamen oorspronkelijk uit Spanje en Portugal.

▶ Thema: Zuiderlingen stromen Amsterdam binnen
Kijk in de digitale krant van de Gouden Eeuw bij het jaar 1586:
http://goudeneeuw.ntr.nl/krant/#/overzicht/1586/42/

▶ Thema: Steden strijden om Portugese joden
Kijk in de digitale krant van de Gouden Eeuw bij het jaar 1605:
http://goudeneeuw.ntr.nl/krant/#/overzicht/1605/189/

Ze werden in hun vaderland vervolgd en vonden in het noorden naast tolerantie ook welvaart. Sommige van hen hadden eerder in Antwerpen gewoond. Gemakkelijk hadden ze het niet. Als het Amsterdamse stadsbestuur ze al toeliet, hielden ze vaak de status van vreemdeling met alle beperkingen die daarbij hoorden. Zo waren de meeste gilden voor hen gesloten. Uitzondering hierop was het makelaarsgilde. Omdat moslims geen direct contact met christenen wilden maken, waren er in de handel tussenpersonen (makelaars) nodig; joden konden die functie vervullen. Ook mochten joden handelaar of drukker zijn. Maar ze mochten geen beroep uitoefenen dat politieke of godsdienstige problemen kon opleveren. De meeste Sefardische joden waren rijk. Sommigen van hen hadden handel met Brazilië gedreven in suiker en tabak, of met India in diamant en katoen. Hoewel ze een eigen gemeenschap vormden, onderhielden ze veel contact met autochtone Amsterdammers, ook met de meer invloedrijke en welgestelde onder hen.

Gastarbeiders

De grootste groep migranten die naar de **Republiek** trok, kwam uit het kustgebied van de Noordzee en Oostzee (Noorwegen, Zweden, Denemarken, Noord-Duitsland, Polen), de Duitse grensstaten (Westfalen) en het Rijngebied. In de 17de eeuw ging het om honderdduizenden werkzoekenden. Bijna de helft van alle zeelieden, soldaten en andere werknemers die in de 17de en 18de eeuw voor de Verenigde Oost-Indische Compagnie (**VOC**) naar Azië vertrokken, was van buitenlandse afkomst. De VOC werd in 1602 opgericht. Het was een organisatie van handelaren die met schepen naar Azië voeren. Ze kregen het monopolie (alleenrecht) op de Nederlandse handel met Azië. Voor haar activiteiten in Europa, maar vooral ook in Azië, waren veel mensen nodig. Zeelieden werden overwegend gemonsterd in de Scandinavische, Duitse en Zuid-Nederlandse kustgebieden. Soldaten kwamen vaker uit de Europese binnenlanden. De West-Indische Compagnie (**WIC**) werd in 1621 opgericht om handel te drijven aan de kust van West-Afrika en in Zuid-Amerika. In de eerste jaren van haar bestaan boekte zij gigantische winsten door de handel in tabak, suiker en slaven.

Naast permanente vestiging was er heel veel tijdelijke migratie naar Amsterdam. Jaarlijks kwamen er zo'n 30.000 Duitse seizoenarbeiders grasmaaien, dijken aanleggen of varen op de walvisvaart. Daarnaast trokken veel jonge Duitsers naar de Hollandse steden om werkervaring op te doen bij bakkers, kleermakers en kooplieden. Ze werkten een paar jaar als dienstmeisje, knecht of matroos, allemaal slechtbetaalde beroepen. Als ze wat bij elkaar gespaard hadden, keerden ze terug naar huis om daar te trouwen en voor zichzelf te beginnen.

Kom er maar in!

Onder **integratie** of inburgering verstaan we het proces waarin migranten zich met hun gedrag en denkbeelden richten op en aanpassen aan de autochtone bevolking. De integratie is geslaagd wanneer de **migranten** zich thuis voelen in hun nieuwe omgeving, geaccepteerd worden door de oorspronkelijke bewoners, en zich in hun sociale leven niet bijzonder onderscheiden van die bewoners. Hoewel het percentage allochtonen in het 17de-eeuwse Amsterdam een stuk hoger lag dan in het huidige Amsterdam, verliep de integratie uiteindelijk, aan het eind van de eeuw, opvallend soepel. Maar in de tijd van Bredero was dat nog anders. Veel migranten bleven als groep bij elkaar wonen, naar geografische herkomst of naar godsdienstige gezindte. Zo heette de Breestraat

Aantal inwoners van steden in het gewest Holland, 1570-1670

	1570	1600	1670
Haarlem	16.000	30.000	40.000
Leiden	15.000	40.000	70.000
Amsterdam	30.000	75.000	210.000

Het inwonertal van Amsterdam verzevenvoudigde in honderd jaar. Daarmee werd het na Londen en Parijs de derde stad van Noordwest-Europa. De sterke bevolkingstoename was volledig te danken aan immigratie.

Handel en bedrijvigheid in de Amsterdamse haven, vaak ook de plaats waar migranten voet aan wal zetten. Links het wachthuis, van waaruit alle binnenkomende schepen in de gaten werden gehouden. Ets van rond 1650 van Reinier Nooms.

al snel naar de bevolkingsgroep die er neerstreek: Jodenbreestraat.

De vermogende kooplieden die vanwege de **Val van Antwerpen** uit de zuidelijke gewesten waren gekomen, werden snel geaccepteerd. Dat waren er heel wat. Ook minder rijke vreemdelingen werden gedoogd, als ze tenminste wilden werken. De Amsterdammers hadden als gevolg van de **Tachtigjarige Oorlog** vergelijkbare ellende met geloofsvervolging, armoede en oorlog ondervonden. Ze konden dus begrip opbrengen voor de achtergrond van de nieuwkomers en stonden relatief tolerant tegenover andersdenkenden en mensen met een ander geloof. In het protestantse Amsterdam was een vijfde deel van de bevolking katholiek. De katholieken hadden niet alleen eigen kerken, maar ook een eigen weeshuis en een eigen instelling voor arme mensen. Ook de economische voorspoed droeg eraan bij dat migranten sneller werden geaccepteerd. Er waren nu eenmaal veel mensen nodig om al het eenvoudige en arbeidsintensieve werk te doen. De migranten hielden de stad draaiend. Wie wilde werken, was welkom.

Dat Amsterdam in de 17de eeuw rijkdom en welvaart uitstraalde, betekent echter niet dat alle migranten gemakkelijk het hoofd boven water konden houden. Velen van hen leden honger en gingen op in de menigte stadsbewoners uit de laagste sociale klasse. Hoe aangenaam was het hier dan voor de migranten? Eigenlijk waren de Hollanders slechts 'selectief tolerant'. Veel vluchtelingen werden als profiteurs gezien. Meer dan eens horen we de autochtone bevolking klagen over de bedelarij. Bredero's **proclamatie** getuigt ervan. Misbruik van de armenzorg was in deze periode een belangrijk onderwerp op de agenda van het stadsbestuur. Niet alleen Jan Knol meent dat buitenlanders niet deugden en een bedreiging vormden voor de eigen eerlijkheid (r. 1022 en volgende). Als we de Amsterdamse burgemeester C.P. Hooft mogen geloven, was dat werkelijk zo, in 1617. Toen hij in februari van dat jaar in een raadsvergadering de rellen en plunderingen besprak die kort daarvoor in de stad waren uitgebroken, kregen de niet-Hollanders de volle laag. De autochtone bewoners gingen volgens de burgemeester vrijuit. Zij zouden alle andere volkeren in trouw, oprechtheid, ijver en geweten overtreffen. Eerlijke lui dus. Tot dan toe, zo ging hij verder, had iedere Amsterdammer zonder aarzeling de ramen van zijn huis overdag open laten staan. Die tijd was nu voorbij.

Voor de wind

De woorden van Jan Knol klinken hard door in de discussie over de vreemdelingen. Die zouden voor overlast, bedelarij en armoede zorgen. Maar de andere kant van het verhaal, over welvarende, succesvolle immigranten, blijft grotendeels achterwege, al geven Andries en Harmen nog wel enig tegengeluid. We zagen al dat veel Sefardische joden niet echt arm waren en dat ook Brabantse en Vlaamse kooplieden de stad welvaart brachten. Ze namen geld en handelservaring mee, en beschikten over een uitgebreid netwerk van contacten door heel Europa. Onder de zuiderlingen waren ook notarissen, architecten, schoolmeesters, artsen, predikanten en beroemde wetenschappers, schilders en schrijvers.

De Republiek, en dan vooral het gewest Holland, groeide in de 17de eeuw uit tot een van de rijkste staten van Europa. Die bloeiperiode werd later als 'Gouden Eeuw' getypeerd. Het succes was vooral te danken aan een goed georganiseerde **stapelmarkt**. Producten uit alle windstreken werden naar Amsterdam gebracht en hier opgeslagen ('gestapeld') in de ontelbare pakhuizen. Vervolgens werden ze op de **Beurs** verhandeld, naar andere steden vervoerd en met flinke winst doorverkocht.

*Het rijke Amsterdam, waar alles om handel en geld draaide. Op de voorgrond een bonte stoet van handelaren en ondernemers, van wie er rechts een aantal is uitgedost met felgekleurde mutsen en kleding die lijkt op een **djellaba**: een lang, losvallend gewaad tot op de enkels, met lange mouwen. Er liepen dus buitenlandse handelaren op de Dam rond. De **Waag** staat hier letterlijk centraal, het gebouw waar handelswaar werd gewogen. Aan de scheepsmasten op de achtergrond zie je hoe de producten werden aangevoerd. Helemaal links naast de Nieuwe Kerk verrijst het gigantische stadhuis, nu het Paleis op de Dam. Het symboliseerde de rijkdom en bloei van de handelsstad. Door zijn omvang verwijst het ook naar de heerschappij van Amsterdam in de wereld van de internationale handel. Het schilderij werd rond 1653 gemaakt door Johannes Lingelbach.*

Amsterdamse kooplieden en handelaren van buiten de stad treffen elkaar op de Beurs, een ontwerp van de bekende Amsterdamse architect Hendrick de Keyser. De Beurs gaf een eigen krant uit die verspreid werd over heel Europa. Daarin stonden de producten met hun prijs. Deze ets uit 1609 is gemaakt door Boëtius Bolswert. De engelen dragen voorwerpen die met handel en welvaart te maken hebben.

▶ Bekijk hoe de Amsterdamse grachtengordel zich in de 17de eeuw ontwikkelde.
[http://www.geschiedenisbeleven.nl/de-groei-van-de-grachtengordel-in-beeld/]

De Amsterdamse **Wisselbank** was in het leven geroepen om een waardevaste munt te garanderen, essentieel voor de handel. De kooplieden stelden groot vertrouwen in deze bank, die zich in het stadhuis op de Dam bevond. De rijkste klanten waren immigranten uit het Zuiden. Dankzij de oprichting van de Wisselbank in 1609 en van de **Beurs** in 1608 werd de stad het financiële hart van de wereld. Op de Beurs werd gehandeld in alles wat maar te verhandelen was, in goederen, maar ook in aandelen (in de **VOC** en **WIC**). Het gebouw, vlak bij de Dam, had een rechthoekige binnenplaats met daaromheen een zuilengalerij. Er golden strikte regels. Schelden, schreeuwen en slaan waren verboden. Bedelaars en kinderen mochten er niet komen. Bij elke zuil werd op een vast tijdstip een bepaald product verhandeld.

4   Drukke zaken!

HET VIERDE BEDRIJF

Jerolimo heeft zijn knechtje Robbeknol wat geld gegeven om eten te kopen. Terwijl de jongen boodschappen doet, vertelt Beatrijs haar levensverhaal, een verhaal over hoe onbezorgd ze vroeger was en hoe ze nu de armoede buiten de deur weet te houden.

Eerste toneel:
Beatrijs

1478	Je mot wat doen voor de kost zo lang as je leeft.
	'k Snap best wel dat niemand me wat geeft, ook al heb 'k geen moer.
1480	Toen 'k jong en mooi was, had 'k massa's vrijers,
	Toen bekommerde 'k me geen momentje om huishoudelijk werk.
	'k Had lak an alle raad van m'n familie.
	En daarom gaat 't nou met me zo as 't nou met me gaat:
	M'n spullen heb 'k verpatst, m'n kleren zijn versleten,
1485	'k Zou allang dood zijn geweest had 'k niet 'n plan bedacht.
	Wat heb 'k in m'n jeugd veel mannen versleten!
	Ja, zó veel, meer as wie dan ook in de stad.
	'k Denk as ze mekaar konden anraken met hun hand,
	Dan zouwe ze wel met 'n 'kruip-door-sluip-door'-rij tot an Haarlem reiken.
1490	Me dunkt ben 'k dan toch flink an de beurt gekommen!
1499	'k Kan me herinneren dat 'k 's bij Govert sliep.
1500	Wat was dat toch 'n lekkere vent, wat heb die me veel gegeven.
	En wat heb 'k heerlijk geflikflooid met die kerel!
	Maar da 's nou geweest. En nou 'k dat niet meer ken,
	Nou help 'k heel wat frisse jonge meiden an dezelfde avontuurtjes.
	Ja, 'k ken de gevoelens van de vrouw, zeker weten!

Door haar ervaring weet Beatrijs gemakkelijk mannen en vrouwen aan elkaar te koppelen. Ze verhuurt meisjes als huishoudelijke hulp. Maar ze leidt ook een soort huwelijksbureau annex escortservice.

1519	Ja, m'n huis zit nou vast alweer vol met meisies,
1520	Want 'k regel 't werk van dienstmeiden, mot je weten,
	En die 'k niet an werk help, die help 'k snel an 'n vent.
	Waarom zou 'k anders vrijgezellen en weduwnaars in 't oog houwen?
	O, 't is fraai volk! Ze willen wél met iemand naar bed maar nie trouwen.
	As getrouwde mannen ergens 'n jong ding zien,
1525	Dan geven ze me voor elke beurt nie minder as een gouwe nobel!

Een nobel was vijftig stuivers waard, drie keer het dagloon van een arbeider.

	O, 't is 'n hitsig volkje, ze houden zo veel van nieuwigheidjes!
	'k Heb nou 'n meisie, o hemel! Ze kent 't klappen van de zweep.
	Heb iemand van jullie soms zin in wat lekkers?

Kinderen spelen kruip-door-sluip-door en vormen een lange rij. Tekening van Harmen ter Borch uit 1650.

Kom dan 's langs, ze biedt ieder waar voor z'n geld,
ja, ze is heel goedkoop.
[…]

Tweede toneel: Robbeknol, Jerolimo

Robbeknol

1544 'k Ben d'r effe tussenuit geweest naar de vleesmarkt,
1545 Wat liep 'k me daar af te dingen van kraampie tot kraampie.
Wat is alles duur, ja, te gek voor woorden!
Ik kon 't beste terecht bij die donkere vrouw.
1550 Ze heb zo veel worstjes en spek voor me afgewogen
As we denk 'k in acht dagen niet kennen opeten.
Hé, wat is dat? Als 'k 't goed zie, staat m'n jonker voor de deur.

Jerolimo

Bonjour, welkom, bienvenue, monsieur, monsieur,
Wa hedde ge veur lekkers? Jiêmig, is da 'n kippeke?
1555 Of is 't schaôpenvliês? Sjiêzus, wa ruiken ze lekker!
Maôr zeg es, maain boêterballeke, wa hedde hier allemaôl?
Werkelaaik, Robbeknol, 't is doêr en doêr mals,
Gezegend is Onze-Lieven-Heer die ons uit dieze misère verlost.

Ondertussen is Robbeknol al aan het eten.

1561 Wa ergert me die kwaôjongen! Wa gadde ge onbehoêrlaaik te werk,
Gij lompe vliêgel. Ge zult eerst oe Onze-vaôder bidden.

Robbeknol

Bekijk 't maar, tegen die tijd ken 't eten wel op zijn,
'n Kort gebed, m'n jonker, maakt 'n lange maaltijd.

Even opzoeken

'Een kort gebed maakt een lange maaltijd'. Oftewel: hoe sneller je handelt, hoe meer tijd je overhoudt voor belangrijke zaken. Bredero hield van spreekwoorden en zijn werk staat er bol van, ook van spreuken die wij tegenwoordig niet meer gebruiken. Veel van de gezegdes zijn opgetekend in speciale spreukenverzamelingen. Die boeken bestonden ook al in Bredero's tijd en waren superhandig om even iets in op te zoeken. Auteurs vonden er toepasselijke spreuken bij de verschillende onderwerpen waarover ze schreven. De spreuken waren vaak op trefwoord gerangschikt. Onder het trefwoord 'Gebed' vond je dan bijvoorbeeld het spreekwoord dat Bredero hier gebruikt.

Het spreekwoord 'Een kort gebed maakt een lange maaltijd' staat ook in deze almanak (jaarboek of kalender) uit 1606, van de Amsterdamse auteur Hendrik Spiegel, de Byspraax almanak. Dat betekent: kalender van spreekwoorden (een 'byspraak' is een spreekwoord). Deze spreekwoordenverzameling is thematisch per maand geordend. Elke maand is er een nieuw thema met iedere dag bijpassende spreuken.

Robbeknol

1565 (*tegen het publiek*) Hé, kijk es wat 'n berg eten die naar binnen slaat,

Zo, vadertje, denk je dát stuk vlees ook nog effe weg te werken?

'k Beloof je dat dat dan niet ten koste van *mijn* portie zal gaan.

O God! Is dat smullen, hij eet zo hongerig en zo gretig,

Hij doet niks onder voor de binnenschippers en de sjouwers van de Waag.

1589 Nou heb je wel je portie gehad, hoor.

Jerolimo

1590 Allée, maôtje, geef me maain gouwen tandenstoêker.

Robbeknol (*ironisch*)

'k Zal d'r meteen eentje pakken. Effe kijken, waar is m'n koker voor tandenstokers?

Hij pakt een versleten borstel en trekt er een haartje uit.

Kijk, daar heb 'k hem, daar heb 'k hem. Hier is d'r een, meneer.

En as die versleten is, dan heb 'k er nog wel duizend meer,

As tanden-drogertje ken je deze mooie wafel eten.

[…]

Als Jerolimo genoeg gegeten heeft, brengt hij zijn zogenaamd voorname afkomst ter sprake. Hij schept op over zijn vader, een Spaanse bakker die adellijke en voorname heren als klant zou hebben gehad. Dan verschijnt de oude vrek Gierige Gerard op het toneel, die zijn naam eer aandoet.

Derde toneel: Gierige Gerard

[…]

1672 As 'k m'n haren laat knippen, dan verzamel 'k de lokken meteen,

Want Mopsus de Ballenmaker die geeft me d'r zes stuivers per pond voor.

Die ellendige kappersknechten, die vegen ze as waardeloze prullen weg.

1697 Laat de mensen maar kletsen, as ik 'r maar goed an verdien,

En nou 'k hoor dat de **vervilters** ouwe pis opkopen,

Veel blijft er niet over van de borstel als Robbeknol er de haren als 'tandenstokers' uit heeft getrokken. Hij geeft zijn meester het houten restant als een 'tanden-drogertje'. De vorm ervan lijkt op die van een wafel. De afbeelding laat zo'n overblijfsel zien, uit de tijd van Bredero, in 1972 opgegraven uit een beerput van het vroegere kasteel IJsselmonde, in Rotterdam-Zuid.

Zal 'k m'n water niet meer zo makkelijk laten weglopen,

1700 'k Ga 't mooi opsparen thuis, in 'n heel groot vat,

En as 't dan wat goor stinkt, zeg 'k: *ik* ruik niks, dus wat maakt 't uit.

Dat geld, dat geld, daar draait alles om!

Ouwe pis

Vervilters lieten wollen weefsels **vervilten** (samenhechten) door ze te weken, te kneden en te persen. Hierna werden de stoffen gewassen met warm water, aarde, urine en boter. Die urine namen de arbeiders van huis mee. Misschien danken de bewoners van de textielstad Tilburg hieraan hun bijnaam 'kruikenzeikers'.

Beeldje van een 'kruikenzeiker' dat in carnavalstijd in Tilburg te vinden is.

| 1710 | 'k Heb weliswaar drie ton goud an inkomsten uit grondbezit,
Toch wil 'k liever hongerlijen as dat 'k arm zou sterven.
Jullie weten niet hoe 'n man door iedereen wordt geprezen
As-ie sterft en hij ken wat an z'n familie nalaten.
Al heb 'k wel honderd huizen in de stad, en wel duizend hectare
| 1715 | Goed weiland en bouwland, toch mot 'k ook nog an m'n nalatenschap denken.
Mijn woningen hebben lang leeggestaan door de oorlog,
'k Zal nou naar de stadsmuur en naar de Dolhuissteeg gaan
Om op tijd de huur op te halen. Ze denken d'r niet om, ook al is 't twee maanden te laat.
Hé, wie is dat? Ben jij 't, ouwe vriendin? Goeiedag, Beatrijs.

Vierde toneel:
Gierige Gerard, Beatrijs

De twee oudjes blijken onderweg te zijn naar het zelfde adres.
[...]

Gerard
| 1799 | 'k sta op 't punt om naar die armoedige jonker te gaan, 't is 'n man alleen,
| 1800 | 'k Heb hem 'n huis verhuurd, en hij denkt 'r niet an om te betalen.
En 'k mot 't geld gaan halen as de lui 't niet op tijd brengen.
Dat staat zwart op wit in 't huurcontract: elke maand betalen.
'k Weet wel dat de Brabanders nie zo onbetrouwbaar zijn as de Italianen,
| 1805 | Maar ze knijpen d'r wel tussenuit, en betalen met 'n matras dat ze laten leggen.
Daar zal 'k 'n stokkie voor steken, zeker weten, zo waar as 'k Gerard heet!

Beatrijs
Heel goed, je heb groot gelijk, waarom zou je nie?
Ze komen bij het huis van Jerolimo aan.

'k Ga hier naar 'n koopman om wat geld te innen,
En as 't hem gelegen komt 't handje contantje te betalen.
| 1810 | Hé, hier mot 'k wezen, buurman.

Gerard
Nou, Beatrijs, ik ook!

Beatrijs
Klop jij.

Gerard
Nee, klop jij, rustig an maar.

Vijfde toneel:
Robbeknol, Jerolimo, Beatrijs, Gerard

Robbeknol
Hé, wie klopt daar zo hard? Schaam je, stuk verdriet.

Beatrijs
Jongeman, is meneer niet thuis?

Jerolimo (fluistert)
Robbert, zeg da 'k biëzig ben met zaôken.

Robbeknol
Hij is nie te spreken.

Gerard
As 't ken, sprak 'k 'm effe zelf.

Robbeknol
| 1815 | Begrijp 'k, beste man, maar `t komt 'm nu niet uit.

Jerolimo
Robbeknol, zeg da 'k maain blauwe en scharlaôkenroêie verfstoffen ontvang.
De kleurstoffen werden gebruikt om het linnen voor kleding te verven.

Gerard
'k Mot 'm spreken, knecht.

Robbeknol
Je ken morgen weer terugkommen, ja?
En wil je dat nie, blijf weg totdat men je haalt.

Beatrijs
Nou, da 's ook 'n mooi antwoord, zo krijg 'k m'n centen nie.

Robbeknol
| 1820 | Je centen voor wat, koppelaarster? Soms voor die kerel van je met z'n druiper?

Jerolimo
>	Zeg da 'k biêzig ben met maain kruidnaôgelen en Oêst-Indische peper.

Kruidnagels en peper brachten de schepen van de voc vanuit het Verre Oosten (bijvoorbeeld Indonesië) naar Amsterdam. Jerolimo wekt de indruk met serieuze handelszaken bezig te zijn.

Gerard
>	Roep 'm, jongen! Snel nou, wat durft die snotneus tegen me te zeggen.

Robbeknol
1828	Wat zeg 'k verkeerd? 'k Zeg dat 't 'm nie gelegen komt,
>	Hij is met z'n handelsagenten in 't pakhuis om z'n koren te wegen.

1830	Op elke baal koren zet-ie z'n eigen merkteken,
>	Hij heb d'r al z'n werknemers an 't werk,
>	Met nog 'n stel Vlaamse sjouwers, en andere buitenlanders die d'r de balen opslaan.
>	Doe maar wat je wilt, maar *ik* ga naar boven bij de omscheppers en dragers van z'n koren.

De graanhandel bloeide in Amsterdam. Het omscheppen en door elkaar hutselen van het opgestapelde koren op de korenzolders moest voorkomen dat het ging broeien of muf werd.

Beatrijs
>	Om de dooie dood niet! 'k Ga schreeuwen as je wegloopt,

1835	Ja, 'k ga schelden en gillen, en 'k roep de hele buurt bij mekaar.

Jerolimo (tegen Robbeknol)
>	Wat 'n kabaôl. Zeg ze dat ze efkes wachten.

Gerard
>	Gut, jongen, as je 'm nie roept, dan steekt hier zo meteen 'n serieuze storm op.

Robbeknol
>	Nou, ouwe sok, 'k ben nie bang voor je gedreig.
>	(*tegen Beatrijs*) En jij, totebel, waarom ga je zo over de rooie?

1840	Wat mot je? Voel je je wel lekker, schijthuis? Je zou met verstand motte spreken.
>	't Is geen kunst, appelteef, om fatsoendelijke mensen te beledigen.

Gerard
>	Jongeman, vergeef 't me. As 'k je gekwetst heb, spijt me dat.

Robbeknol
>	Wacht effe, ja? M'n meester staat z'n eige om te kleden.
>	Hij wast z'n handen schoon. Tjonge, hij houdt zó veel van reinheid.

1845	Wacht nog effetjes.

Beatrijs
>	Nou, da's geen moeite.

Jerolimo (doet met een grote zwaai de deur open)
>	Bonjour monsieur, en oe 't zelfde, mevrouw, wa blieft oe?
>	'k Kom net rechtstriêks van maain zaôken en bezighiêden.
>	'k Heb daôr 'n biêtje staôn werken, Sjiêzus, 'k zwiêt me rot.

Gerard
>	'k Denk, meneer, dat je m'n boodschap wel snapt?

Beatrijs
1850	En 'k denk dat jij, sinjeur, drommels goed weet waarom 'k je kom opzoeken?

Jerolimo
>	Monsieurs, 'k loêp wa achter met maain boekhouding,
>	Nadat 'k maain verliezen en winsten zo ongeveer heb vastgesteld,
>	Sluit 'k maain rekening af, en maôk 'k de balans op.
>	En wanniêr 'k maain winst en verlies heb beriêkend,

1855	Dan begin 'k de oêpenstaônde posten in m'n nieuwe handelsoêverzicht aôn te tiêkenen.

Gerard en Beatrijs vragen Jerolimo om geld, maar nee, dat heeft hij niet in huis. Want, zo verzint hij, kooplieden zijn gewend al hun geld in de handel te investeren.

Beatrijs
1863	Wat nou, vrind? Geef je me 't geld of mot 'k 't halen?

Jerolimo
>	Rustig maôr, moederke, men zal oe tevriêden stellen.

1865	'k Gaô naôr de Beurs en laôt daôr duizend pond van maain riêkening afschrijven.

Stuur oe maaid of knecht morgen vroeg of in de naômiddag.
Men zal oe oe geld tot op de stuiver doen toekoêmen.
Ja, tot op de halve cent! (*in zichzelf*) Tjonge, wa zeurt dieze vrouw.

Beatrijs
Wat ergert die kale neet me. Hé, opschepper, wanneer komp 't nou?

Jerolimo
1870
Wie zaait ge nou hiëlemaôl? Wiêt ge wel tegen wie ge spriëkt? Wat is dit voêr brutaôle praôt?

Beatrijs
Wie 'k ben? 'k Ben 'n fatsoendelijke vrouw, en 'k spreek tegen 'n bankroetier.

Gerard
Nou, stil maar. (*tegen Jerolimo*) Kennen we d'r op rekenen? We kommen gauw terug, hè.

Jerolimo
Ziêker, zonder twaaifel!

Als hij de deur heeft dichtgeslagen en alleen met Robbeknol in het lege huis achterblijft, gaat Jerolimo helemaal los…

Stiêk 'n roggenstaôrt in oe reet! Loêp hiên, ouwe schurk!
En gaai oêk, kletskous, loêpt naôr den duvel saômen met oe soêrtgenoêten.
1875
Ge zult maai, da zwiêr 'k oe, noêit meer zoê schandaôlig behandelen.
Robbeknol, 'k giêf oe verlof. 'k Moet nu daôd'laaik verder.
Leef iêrzaôm onder de mensen, en gedraôg oe gelaaik 'n jongeman betaômt.
Gaô naôr de buurvrouwen, hoêrt ge? En als ze weer koêmen zeuren,
Zeg da 'k ben vertrokken naôr Culemborg en Viaônen.

Vlucht naar de vrijheid

Steeds verder raakt Jerolimo in het nauw. Gedreven door zijn armzalige omstandigheden en honger heeft hij de Amsterdammers nog lang van zich af kunnen houden. Maar nu wordt het hem te heet onder de voeten. Hij ontslaat zijn knechtje en knijpt ertussenuit, naar Culemborg en Vianen, zegt hij. Dat waren **vrijsteden**. De steden lagen in het grensgebied van Holland, Gelre en Utrecht, en de rechtspraak van die gewesten gold er niet. Het was namelijk niet duidelijk tot welk gewest de stadjes precies behoorden. Vrijsteden lieten mensen toe die in een andere stad of ander dorp werden vervolgd. Geen zware criminelen, want op dat soort lui zat niemand te wachten. Meestal vluchtten er kooplieden naartoe die in financiële problemen waren geraakt. Als ze hun zaken weer op orde hadden, betaalden ze hun schuldeisers af en konden ze als vrij man naar bijvoorbeeld Amsterdam of Rotterdam terugkeren.

De Zeven Verenigde Nederlanden. De witte gebieden in de rode cirkel zijn de vrijsteden Culemborg en Vianen.

CONTEXT

Toneelopvoeringen in Amsterdam

De *Spaanse Brabander* ging in 1617 in première op de **Nederduitse Academie**, een grote theaterzaal aan de Keizersgracht, die net was geopend. Eerdere stukken van Bredero waren met veel succes opgevoerd op een zolderzaaltje dat de rederijkerskamer De Eglentier huurde aan de Nes, destijds een drukke winkelstraat. In Amsterdam waren twee rederijkerskamers actief: een Brabantse en een Hollandse. Van de Brabantse kamer **Het Wit Lavendel** waren vooral veel vluchtelingen uit de Zuidelijke Nederlanden lid, onder wie Joost van den Vondel. Bredero was lid van de oudste rederijkerskamer in Amsterdam, **De Eglentier,** een club van geboren en getogen Amsterdammers.

Een **rederijkerskamer** was een soort centrum van kunsten en wetenschappen, een ontmoetingsplaats voor mannen met geld die er iets wilden leren maar ook van gezelligheid hielden. In het gezelschap van de andere rederijkers oefenden ze zich in het schrijven van (literaire) teksten, in het voordragen ervan, en in het zingen of spelen van gedichten, liederen en toneelstukken. Ook konden de mannen er leren hoe je moest spreken en schrijven als je de politiek in ging en bijvoorbeeld een stadsbestuurder wilde worden.

Tot 1610 hadden alleen leden toegang tot de bijeenkomsten van De Eglentier. Maar toen in dat jaar de deuren wijd opengingen voor betalende bezoekers bij de toneelvoorstellingen liep het meteen storm. Van de winst uit de opvoeringen profiteerden liefdadigheidsinstellingen als het **Oudemannen- en vrouwenhuis**

De Eglentier hield zijn bijeenkomsten op de niet al te ruime zolderverdieping van de Vleeshal in de Nes, op de linkerafbeelding het rechtergebouw met de vlag. Op het plein was vroeger een markt met gevogelte. Tegenwoordig staat er het Vlaams cultureel centrum De Brakke Grond.
Rechts: De Nederduitse Academie aan de Keizersgracht. Via het poortje kwam je er binnen.

(het bejaardenhuis) en het Weeshuis. Daarover hadden die instellingen met het stadsbestuur afspraken gemaakt. Vooral de stukken van Bredero waren ongekend populair. Zijn **tragedie** *Roderik en Alfonsus* werd er in 1611 met succes opgevoerd, de jaren hierna ook andere stukken van zijn hand, waaronder de bekende *Klucht van de koe*. Ze trokken zo veel publiek dat het Oudemannenhuis uit de winst van de entreegelden binnen tien maanden meer dan 2000 gulden incasseerde, een megabedrag in die tijd. Van het binnenstromende geld kon de rederijkerskamer ook nog allerlei toneelattributen aanschaffen. Die maakten de opvoeringen nog aantrekkelijker en professioneler. Omdat de toeloop zo massaal was, begonnen de auteurs na te denken over een geschiktere en grotere toneelzaal, een écht theater.

Die zaal kwam er al snel! Dat was de Nederduitse Academie. De opening vond plaats op 24 september 1617. De afspraak met het stadsbestuur over het afdragen van de winst aan de liefdadigheidsinstellingen bleef van kracht. Bredero's *Spaanse Brabander* was razend populair en bleef dat lange tijd. Welke Amsterdammer herkende al die problemen niet? De immigratie die de stad zo had veranderd en de armoede die in alle lagen van de bevolking ellende bracht. En dan het bedrog van zo'n Jerolimo! Hadden ze daar niet dagelijks mee te maken?

De Academie was niet alleen een toneelzaal maar ook een soort volksuniversiteit. Amsterdamse burgers konden er lessen volgen in vakken als wiskunde, geschiedenis en filosofie. Maar door de gespannen politieke en religieuze situatie in die jaren stopte het onderwijs al in 1619 en drie jaar later kwam er ook een eind aan de toneelvoorstellingen. Het houten gebouw werd in 1637 gesloopt om plaats te maken voor een nieuw, stenen theater dat de 'Schouwburg' werd genoemd. De Schouwburg werd geopend met een stuk dat Vondel speciaal voor die gelegenheid had geschreven: de *Gijsbrecht van Amstel*. Ook de *Spaanse Brabander* stond er nog vaak op het programma.

5   De vogel is gevlogen

HET VIJFDE BEDRIJF

Later op de dag. De buurvrouwen Els Kals en Trijn Snaps ontfermen zich over Robbeknol. De arme jongen is hongerig achtergebleven na het overhaaste vertrek van zijn meester. Ondertussen gaan Gerard en Beatrijs op weg naar het huis van Jerolimo om hun geld te halen. Met een vooruitziende blik klagen ze over de onbetrouwbaarheid van sommige lieden.

Tweede toneel:
Gerard, Beatrijs, Robbeknol, Els Kals

Gerard
1901 As ze rijk zijn, vertrouw 'k de Brabanders voor geen meter,
Ook as ze maar weinig verdienen, beeldt dit volkje z'n eige heel wat in.
'n Goed man betaalt goed, en 'n rijk man heb veel goederen.

Rijke heren hoeven nog niet te deugen, bedoelt Gerard. Maar als je op tijd betaalt, dán ben je pas fatsoenlijk.

Vertrouwen wordt niet waargemaakt! Ieder voor zich. Eerlijkheid is zeldzaam. Hoe groter heer,
1905 Hoe eerder je 'm gelooft, maar ook hoe groter dief en hoe eerder die 'm smeert.
Ging d'r laatst niet iemand bankroet op wie men 'n kerk dacht te kennen bouwen?

Beatrijs
Beste kerel, de mensen zijn niet langer te vertrouwen.
't Is 'n gok vandaag de dag. Zo gaat 't in de wereld, de mensen deugen nie.
1916 Hoe gaat 't? Word je nie moe? Zijn we d'r nog nie bijna?
O ja, waar zijn m'n ogen? Buurman Gerard, klop jij an, 't is hier.

Hij bonst op de deur

Allemachtig, man, jij heb zeker wel vaker geklopt bij grote huizen,
Je klopt de hele buurt wakker.

Gerard
Zal 'k 't nog 's doen? 't Lijkt wel of ze allemaal dood bennen.

Beatrijs
1920 Je bonst 'r op los, buurman, as of je graag binnen wil kommen.

De deur van het naastgelegen huis gaat open en buurvrouw Els steekt haar hoofd naar buiten.

Els
Wat is dat voor herrie? Je gaat tekeer as of je gek geworden bent,
Wat mot je? Wil je wat hebben? Zeg 't dan kalmpies.

Gerard *(wijst op het huis van Jerolimo)*
Hier mot 'k wezen. Dat gaat jou niks an, hoor je dat goed, ouwe zeurkont?
'k Mot naar binnen, zeker weten. Nou, komt d'r nog wat van?

Els
1925 Hé, ga nie zo tekeer! Die man is vanmiddag naar Vianen vertrokken.
Kijk, hier is de sleutel van de deur. Die hebtie hier neergelegd.
En z'n knechie hebben we uit meelij in huis genomen.

Beatrijs
Waar ben je, kereltje? Kom voor de dag, kom naar buiten,
Waar is je meester naartoe?

Robbeknol
Die zit in de schuit naar Utrecht.

Gerard
1930 *Waar* is-ie naartoe?

Robbeknol
Weet ik veel!

77

Als je in de tijd van Bredero met de schuit van Amsterdam naar Utrecht reisde, deed je dat met een zeilboot of roeiboot, eerst over de Amstel en dan over de Vecht. Na 1625 werden hiervoor trekschuiten met paarden gebruikt. De afbeelding, een schilderij van Jacobus Storck van omstreeks 1680, laat kasteel Nijenrode aan de Vecht bij Breukelen zien. In het water liggen een trekschuit, een roeiboot en zeilboten. In het kasteel is tegenwoordig een particuliere universiteit gevestigd: Nyenrode Business Universiteit.

Gerard
Wat krijgen we nou?
Je zult 't me zeggen, of 'k geef je verdomme 'n klap voor je harses.

Robbeknol
Hoe ken 'k je zeggen wat 'k nie weet?

Gerard
'k Ga de schout halen.
Beatrijs, zorg dat je die deksele jongen zolang vasthoudt,
Dan krijgt-ie straks hier in huis 'n flink pak rammel.
1935 Buren, help die vrouw, of 'k reken 't jullie an as-ie d'r ontglipt.
'k Zal 't 'm afleren, dat beloof 'k, en 'k zal meteen Meester Johannes Pillorum, de notaris, gaan halen,
Zodat-ie voor ons 'n lijsie van de inboedel ken maken.

Beatrijs
Goed, maar kom wel meteen terug, hè.

Gerard
'k Zal nie lang wegblijven.

Els
1940 Ach, lieve vrouw, om Gods wil, laat die arme jongen gaan!
Wat ken je 'm verwijten, soms wat z'n meester gedaan heb?

Beatrijs
Laten gaan? Laten gaan? 'k Peins 'r niet over. 'k Word haast razend.

Toch weet de buurvrouw Robbeknol te bevrijden en ze brengt hem naar haar huis.

Derde toneel:
de notaris, zijn assistent (Jan), met twee deurwaarders, Gerard

Notaris
1944 Heb je 't boek met de akten bij je? Je vergeet toch niks, Jan?

Jan
1945 'k Heb 't allemaal onder m'n arm, loop nou maar door.

▶ 78

Notaris	Waar gaan we heen, meester, naar de baas van herberg De Drie Dweilen?
	We zullen daar met de controleurs van de belasting de voorraad wijn gaan inspecteren.
	Volg me maar netjes en in de pas over straat,
	Want 't hoort bij 'n goeie notaris dat-ie deftig loopt.

Gerard (ziet aan de overkant van de straat de notaris met zijn assistent het huis verlaten)

1950	Daar komt-ie net naar buiten, dat treft goed.
	Wat pronkt-ie met dat boekie, hij begint 'r juist in te lezen.

Hij probeert door kuchen, sissen en fluiten de aandacht van de notaris te trekken.

	Ahum! Tsss! Ahum! Fww! Tevergeefs! Ik schreeuw me gek.
	Ahum! Nog maar 's. 'k Denk dat die man maar weinig op de Beurs komt,
	Want as je *daar*'s kucht, dan kijkt d'een nog vlugger om as d'ander.
1955	*(tegen Jan)* Hé ventje, hou je meester tegen, roep maar: 'Domine Johannes Notarus'.

Dat is Latijn voor: meneer Johan de notaris.

Jan

1957	Meester Jan, daar is 'n man die u effe wil spreken.
Notaris	
	Wel, ouwe baas, beste vent, *bonjour*, wat wil je zeggen?

Gerard (zoekt een geleerd woord voor 'akte' maar raakt verward in het notariële jargon)

	'k Zou graag 'n eh… certefecatie of 'n eh… attestatie vast willen leggen.
1960	Hoe heet 't nou ook alweer? 'k Ben 't vergeten, effe denken, wat was 't?
Notaris	
	Beste man, 'k moet 'n testament gaan schrijven, hou me niet op,
	Er legt een man op z'n doodsbed te wachten op de notaris.
Geard	
	U mot echt met me meegaan om 'n boedelbeschrijving te maken.
Notaris	
	Nou goed, 'k zal meegaan vóór je schade krijgt.

1965	'k Zou 't niet gedaan hebben, vriend, as je niet zo gezeurd had.
Gerard	
	In welke herberg ken 'k de schout 't best zoeken?
1969	Hé, nu 'k 't over hem heb, komt-ie d'r net an.
	[…]

Gerard smeekt de schout om Jerolimo's huis open te breken en beslag op de inboedel te leggen. De schout heeft het eigenlijk te druk met andere zaken. Toch gaat hij mee, op aandringen van de notaris.

Vijfde toneel:
Balich, Jasper, Joost, Otje Dikmuil

Ook andere schuldeisers gaan naar het huis van Jerolimo: de tinnegieter Balich, Jasper de goudsmid, en buurman Joost. Halverwege ontmoeten ze de schilder Otje Dikmuil die over zijn kroegleven vertelt. Otje weet precies in welke herbergen je smokkelbier kunt krijgen, en welke corrupte bierhandelaren de belasting op alcohol proberen te ontduiken.

Otje

2040	'k Zou nog meer kroegen kennen opnoemen, as 'k me kwaad maak,
	Maar dat bedrog van bepaalde lui, dat zal wel 'n keertje uitkomen.
	Hé Balich, waar ga je heen? En jullie, mannen?
Balich	
	'k Heb hier mooie schotels an 'n man verhuurd, kandelaars en kannen,
	En tinnen eetborden. Daar ga 'k nou m'n geld halen,
2045	En zorgen dat 't spul snel bij me thuis wordt teruggebracht.
	En, Jasper, waar ga jij naartoe?
Jasper	
	'k Wil hier ergens in de buurt m'n tapijten
	En goudleren behang terughalen, en me behoorlijk laten betalen
	Voor de huur d'r van, as-ie ze nie meer wil houwen.
	't Is al 'n maand geleden dat 'k ze 'm heb uitgeleend.
Otje	
2050	En ik ga hier 'n Brabantse Monsieur met 'n bezoekie vereren.
	'k Heb 'm flink wat schilderijen gebracht, houten paneeltjes en op linnen doek.

Behang om mee te nemen

Rijke bewoners hadden het in de 17de eeuw vaak in hun grote huizen hangen: meeneembehangsel. Het waren meestal banen van zestig centimeter breed, aan de muur bevestigd met een paar spijkers of ringen. De naden tussen de banen werden afgedekt met een gehaakte goud- of zilverkleurige sierband. Zo was het behangsel gemakkelijk mee te nemen naar het buitenhuis of aan te passen als dat nodig was. Bij een verloving of bruiloft kon het behang vervangen worden door een vrolijker kleur of patroon. Maar ook bij rouw werd het aangepast. Na de dood van stadhouder Frederik Hendrik (1584-1647) werd het behang in Paleis Noordeinde wit, asgrauw en zwart. Goudleren behang was duur maar niet eens van echt goud. Vellen kalfsleer werden met bladzilver bedekt en vervolgens met een geelbruine vernis bestreken. Zo kreeg het leer zijn 'gouden' glans. In sommige grachtenpanden hangt dit behang nog steeds.

Goudleren behang met bloemen en figuurtjes.

	Fraai geschilderd, met een goeie voorstelling, en prima afgewerkt.
	Mooie *historietjes*, zowel gekleed as naakt.
	Indien meneer ze net zo mooi vindt as ik,
2055	Dan sluiten we de koop. 't Gaat om forse bedragen,
	Want 't zijn d'r 'n boel.
2061	As die man niet rijk was geweest, had 'k ze 'm nie te koop meegegeven.
	Want 't zijn d'r genoeg om 'n hele zaal mee an te kleden,
	Zo'n zaal waar je prinsen en hoge heren in zou laten wonen.
	Naar hem ga 'k nou toe. Effe kijken, wat is ook alweer z'n naam?

2065	Eh... Sinjeur Jerolimo! Zo'n opschrijfboekie is toch reuzehandig.
Joost	
2066	Nou, die man woont in *mijn* buurt, dat weet 'k op m'n duimpie,
	'k Leende 'm laatst nog twee schotels en een beker,
	Met zilveren schalen, en koppies bovendien,
	En een dozijn lepels, en een stuk of drie zoutvaatjes,
2070	Die heb ik 'm toevertrouwd, geheel te goeder trouw.
	'k Zal 'm ook nog effe vragen of-ie ze wil houwen,
	Hé, wie komt daar an? Ja, ja, 't is de schout.

Gekleed en naakt

In de Gouden Eeuw werden er veel '**historietjes**' gemaakt, historieschilderstukken die een bekende gebeurtenis uit de klassieke of christelijke geschiedenis laten zien, of uit de mythologie. Ze waren er in alle formaten en prijsklassen. De goedkope schilderijtjes hingen ook bij de bakker, de slager en de meubelmaker. Je kunt ze vergelijken met de ingelijste posters waarmee we tegenwoordig een kale muur opfleuren. Maar er zijn ook veel grotere en duurdere historieschilderstukken. Daarop staan vaak veel menselijke figuren, soms naakt. Rembrandt (1606-1669) maakte een aantal grote historieschilderstukken, vooral Bijbelse taferelen. In Vlaanderen was Peter Paul Rubens (1577-1640) de voornaamste vertegenwoordiger van dit genre. Hij schilderde veel mythologische voorstellingen.

Een mooie verzameling historische verhalen en anekdoten schreef de Romeinse auteur Valerius Maximus, die in dezelfde tijd als Ovidius leefde. Zijn Negen boeken met gedenkwaardige daden en uitspraken *waren in Bredero's tijd superpopulair. In 1614 werden ze uit het Latijn in het Nederlands vertaald. Een van die verhalen, 'De grootmoedigheid van Scipio', is de inspiratiebron geweest voor dit historieschilderstuk van Karel van Mander uit circa 1600. Het tafereel verwijst naar een gebeurtenis uit de klassieke geschiedenis. Centraal staat de Romeinse generaal Scipio, die in de 2de eeuw v.Chr. oorlog voert in Spanje en uiteindelijk zijn Carthaagse tegenstander Hannibal verslaat. Na de verovering van Carthago maken de Romeinse troepen een mooie jonge vrouw buit die zij aan hun legeraanvoerder Scipio aanbieden. Bij ondervraging komt deze erachter dat zij al verloofd is met een soldaat. Scipio geeft de vrouw terug aan haar verloofde, samen met het geld dat de ouders van het meisje hadden betaald om haar vrij te kopen. Heel 'grootmoedig' dus! De hoofdpersonen bevinden zich op het linkerdeel van het schilderij. Voorgesteld is het moment dat de ouders van het geroofde meisje er bij Scipio op aandringen het losgeld aan te nemen. Op de voorgrond links haar ouders met de schotel vol goud (het losgeld). Rechts van hen zien we Scipio. Maar eigenlijk kijk je me-*

teen naar het stelletje in het midden, de twee verloofden die elkaar hun rechterhand geven als teken van een aanstaand huwelijk. Op de achtergrond een oorlogslandschap: het nog rokende Carthago met vechtende soldaten. Naast prachtig gekleurde jurken en sluiers zien we ook enkele (half)blote vrouwen. Zij lieten vooral zien hoe vaardig een schilder het menselijk lichaam kon afbeelden. Maar wat maakt zo'n historieschilderij nu zo bijzonder? Het vertelt het hele verhaal: de verovering van de stad, het aanbieden van het meisje aan Scipio, het losgeld, het vrijlaten van het meisje, de verloving. Met de juiste figuren in de juiste houding laat een historieschilderstuk een complete 'geschiedenis' zien. Het schilderij hangt in het Amsterdamse Rijksmuseum.

Maar zag iedereen meteen wat het voorstelde? Vandaag de dag komen we veel minder in aanraking met de klassieke geschiedenis en mythologie dan in de 17de eeuw. Toen kende vrijwel iedereen de grote verhalen. Ze waren opgetekend door Griekse en Romeinse geschiedschrijvers en dichters. Beroemd waren de mythologische verhalen van de Romeinse auteur Ovidius. Rond het begin van de jaartelling schreef hij zijn *Metamorfosen* ('Gedaanteverwisselingen'). Die waren nog steeds razend populair in de tijd van Bredero. Je kon ze gewoon in een Nederlandse vertaling lezen. Verplichte stof op school. Een van die vertalers was schilder en schrijver Karel van Mander (1548-1606). Hij was uit de Zuidelijke Nederlanden gevlucht en had zich in 1583 in Haarlem gevestigd. Daar zou hij twintig jaar blijven wonen en werken. Hij stierf in Amsterdam. Van Mander maakte prachtige schilderijen maar schreef ook belangrijke boeken. Een daarvan is het *Schilderboek*, dat verscheen in 1604. Het boek was bedoeld als handleiding voor schilders die verhalen uit de klassieke mythologie wilden afbeelden. Als bijlage bij dit boek werd Van Manders vertaling van de *Metamorfosen* opgenomen. Bredero, die rond die tijd tot schilder werd opgeleid, heeft het *Schilderboek* en Van Manders vertaling zeker gekend.

Zesde toneel:
de schout met twee deurwaarders, de notaris met zijn assistent, getuigen, Robbeknol, Beatrijs, Gerard, Trijn Snaps, Els Kals, Jut Jans, Balich, Joost, Jasper, Otje

Gerard heeft nog een roestige reservesleutel van het aan Jerolimo verhuurde huis gevonden en probeert het slot open te krijgen. Er staat nu een grote groep schuldeisers aan de deur van Jerolimo's huis te rammelen en ze willen uiteindelijk maar één ding…

Schout
2073   Hé, maak de deur 's open!
Gerard *(kan de deur niet meteen van het slot krijgen)*
         Waarom gaat-ie nou niet open?

Balich
         Wat is hier an de hand?
Trijn
         Die man is bankroet.
Joost
2075   Bankroet? Bankroet? Och! Dat verhoede God.
Jasper
         Wel voor de duivel, is-ie 'm gesmeerd?
Schout
         Nie zo dringen. Rustig an, mensen.
Otje
         Meneer, heb 'k dan nie 't recht om m'n
              eigendommen te pakken?
Schout
         Nee, of ja, 'k weet 't nie, 't ken best zo zijn.

Joost
    Nou, ken *ik* dan niet met recht anspraak maken op wat van mijn is?

Balich
2080 'k Wil m'n spullen terug, al zou 'k 'r om motten knokken.

Schout
    Lieve man, je ken dat jezelf niet zo toe-eigenen,
    Daarvoor zijn de rechters, en die volgen gewoon de wet.
    Al *was* 't uw eigendom, de huishuur gaat voor.

Joost *(tegen de schout)*
    U mot van me annemen dat 'k 'm de zilveren schalen en lepels maar leende
2085 Toen z'n naaste familie uit Brabant op bezoek kwam.

Kennelijk had Jerolimo deze smoes gebruikt tegenover Joost.

    'k Dee 't in goed vertrouwen, 'k had 'r geen slecht gevoel bij.
    En as 't nou pleite is, dan is dat 't werk van de duivel.

Otje
    Meneer de schout, 'k heb de man de schilderijen alleen op zicht gegeven,
    Om ze te kopen als-ie dat zou willen.

Schout
2093 Ja, dat zegt niks, die spullen zijn an hem toevertrouwd.
    Je ken daarop geen recht laten gelden.

Gerard
    't Komt *mij* toe want 't staat op mijn grond.

Opeens storten ze zich allemaal op Gerard, die de deur nog steeds niet open krijgt. Misschien doet hij dat met opzet?

Balich *(tegen Gerard)*
2095 'n Strop om je nek mot je hebben, ouwe klootzak!
    Je gaat m'n tinnen schotels nu allemaal teruggeven,
    Of 'k zweer dat je d'r je leven lang spijt van zult krijgen.

Otje
    Geef m'n schilderijen terug! Begrepen, ouwe gek?

Gerard
    Doe 'k je onrecht? Klaag me dan maar an bij 't gerecht.

Jasper
2100 Vuile smeerlap! Wil je m'n tapijten achteroverdrukken?
    M'n goudleren behang en andere spullen? Dan zal 'k je helemaal doodmaken!

Schout
2103 Zwijg allemaal, jullie kennen beter stil zijn.
    't Zijn de wetten van de stad, daar valt niks an te veranderen.
2105 Waag 't es 'm met 'n vinger an te raken.
    Met vechten en ruziën maak je 't alleen maar erger.
    Jullie kennen dat beter an de hoge heren overlaten.
    Nou, maak open die deur! Vooruit! En niet gaan knokken.

Gerard krijgt eindelijk de deur open. Hij kijkt naar binnen en ziet een lege ruimte.

Gerard *(ironisch)*
    Nou, meneer de notaris, aan de slag met uw boedelbeschrijving!

Ze doorzoeken het lege huis.

Jasper
2110 Da's mooi klote, 't hele huis is leeg!

Balich
    Godver! Tering! Jezus, da's foute boel.

Iedereen kijkt naar Robbeknol, die zich al die tijd op de achtergrond heeft gehouden.

Otje
    Waar heb *jij*, klein onderkruipsel, m'n schilderijen gelaten?

Joost
    Waar zijn m'n schalen, en mijn kopjes en zoutvaten?
    En al m'n zilverwerk? Zeg op, snotneus!

Robbeknol
    Dat weet God.

Jasper
2115 Waar zijn m'n spullen?

Robbeknol
    Weet ik 't!

Otje
    Nou, 'k word haast gek.
    Die jongen neemt ons in de maling, en loopt nog vrij rond.

Balich
    Waar zijn m'n tinnen schotels? Zeg op!
Robbeknol
    Weet ik veel, in de Lommerd
    Of bij de helers.
Jasper (tegen de schout)
    Meneer de officier,
    Kom toch alsteblief snel met uw agenten hier,
2120 En zet deze jonge boef achter de tralies. Want hij weet overal van,
    Zeker weten dat ze vannacht alles weggehaald hebben.
Schout
    Grijp 'm, Meindert! Vooruit, vuile dief, meekommen jij!
    Nou ga je mee, je bent angehouwen.
Robbeknol
2125 Och! Och! Genade heer, laat me los! 'k Zal zeggen
    Wat 'k weet.
Schout
    Spreek op, en wees nie bang.
Robbeknol (wijst om zich heen in het lege huis)
    Heren, luister, *dit* zijn z'n spullen,
    Dat heeft-ie me met eigen woorden gezegd.
    Heren, heren, hij zei me dat-ie de eigenaar was
2130 Van 'n mooi stuk grond voor 'n huis, van 'n oud duivenhok,
    Maar 't is nu behoorlijk vergaan, vervallen en verrot.
Gerard
    Notaris, schrijf dat op, en vlug 'n beetje,
    Hoe weinig 't ook is, 't is nog wel net zo veel waard
    As-ie *mij* schuldig is.
Notaris
    Waar is 't gelegen, in welke richting?
Robbeknol
2135 As 'k 't goed begrepen heb, dan ligt 't in z'n eigen land.
Notaris
    Nou, daar zitten we dan mooi mee.
Schout
    Zeg dat wel.
Gerard
    Waar komt-ie dan vandaan?

Robbeknol
    Waarvandaan? Van 't dorp Hoboken,
    Ergens in de buurt van Antwerpen.
Notaris
    Uit welke familie?
Robbeknol
    Weet ik veel, van geen enkele familie. Nee, 'k denk de familie van z'n vader.
Schout
2140 Ja, daar kennen we wat mee...
Notaris (ironisch)
    Ja, dat is leuk, mensen.
    Met dit verhaal zullen jullie wel tevreden zijn,
2143 Van z'n vader, van z'n vader... 'k Lach me helemaal dood.
Dan bemoeien de dames zich ermee.
Els
    Heren, neem ons niet kwalijk, die jongen is onschuldig,
2145 Ach, hij is simpel van geest, onnozel en naïef.
    Daarom vragen we u om 'm te sparen, hij is nog zo jong.
    Hij heb toch ook nie lang bij z'n meester gewoond?
    Dus weet-ie nie meer van deze zaak te vertellen
    As u of ik, of as iedereen van ons.
2150 Overdag kwam-ie bij ons om z'n ellende met ons te delen.
Jut
    En dan kreeg-ie van ons soms 'n stukkie brood,
    Of wat anders te eten, zo as 't uitkwam.
    En dan ging-ie weer weg, om in 't huis bij z'n meester te slapen.
    Die jongen weet nergens van. Ach, beste man, laat 'm toch gaan.
Schout
2156 Maar dames, weten jullie wel dat 'r veel doortrapte schelmen zijn
    Die in hun hart anders zijn as dat ze van buiten lijken.
    Hij is 'n sluwe boef, vol smerig bedrog.
Trijn
    Meneer de schout, hij is 'n simpele goedzak.
Schout
    Nou vooruit dan, 'k laat je vrij.

Robbeknol
2160 Bedankt, meneer.
Schout
Schiet op, verdwijn uit m'n ogen.
Balich
As 'k die bankroetier te pakken krijg, dan zal 'k 't
hem zó betaald zetten...
De vrouwen vertrekken met Robbeknol.
Otje
2168 Nou, 'k ga d'r ook vandoor.
'k Ga die schurk opjagen, van hier naar daar.
Balich
2172 O God, 'k ben zó kwaad, al laat 'k 't nie blijken,
Maar is 't geen schurkenstreek om de armen zo te
bedonderen?
Jasper
Wat kennen we anders doen as bidden, Joost.
2175 Wie zich troost met de gedachte an erger leed, die
voelt geen tegenslag.
Ze gaan naar binnen.

Zevende toneel:
Gerard, Beatrijs, de schout,
Antonie (de deurwaarder),
de notaris, de rest

Notaris
Wie gaat mij betalen voor de boedelbeschrijving?
Schout (tegen Beatrijs)
Schiet op, en geef me snel m'n loon of m'n salaris.
Nou, waar wacht je op, hè? Vlug, kom op met 't geld.
Beatrijs
Neem me nie kwalijk, meneer, maar 'k geef u geen
cent.
Notaris (tegen Gerard)
2180 Kom oudje, kom, zul je me geld voor de
boedelbeschrijving geven?
Gerard
Waarom? 'k Zie dat nie zo, je heb niks opgeschreven.
Schout
Nou snel, betaal omdat 'k meegekomen ben.
Gerard
'k Zie niet dat 'k je iets schuldig ben, je hebt
helemaal niks gedaan.

Had je die smeerlap te pakken gekregen en
opgesloten,
2185 Dan zou ik je je loon heel graag geven.
Schout
2201 Nou vooruit, geef me wat 'k vraag, 'k ken nie langer
wachten.
Notaris
'k Heb al die tijd niet op m'n kantoor kennen
werken,
't Is nie rechtvaardig dat jullie zo onbeschoft tegen
me doen.
Voor jullie heb 'k afgezien van de winst van grotere
zaken.
Schout
2205 Is 't jullie allemaal in je bol geslagen? 't Is nou
genoeg geweest.
Antonie, pak 't bed en breng 't meteen weg,
Naar de gevangenis.
Beatrijs
Waag 't es! Dat je weghaalt wat *mij* toebehoort.
'k Zeg je: zet 't weer neer en laat 't daar staan.
Schout
Nou, daag me dan voor 't gerecht as je durft!
Beatrijs
2210 Is dit 'n rechtvaardige stad? 't Is 'n stad van
willekeur.
Schout
Geef me m'n geld of 'k arresteer je meteen.
Maar de schout neemt ook genoegen met een vergoeding in natura...
Kom mee naar m'n huis, liefie, maak 't in orde, dan
komt alles voor mekaar.
Beatrijs
Ben jij 'n schout? Je bent 'n doortrapte hoerenloper!
Je bent 'n teringlijer! 'n Lulhannes! 'n Etterbak!
2215 Tiran dat je d'r bent, as 'k je te pakken krijg...
Nou, laat ook maar zitten. Ben je 'n schout? 'n
Schout? En doe je zúlke dingen?
Dan zullen de straatjongens d'r wel 'n spotliedje over
maken,
As je opnieuw over de schreef gaat.
Nou, 'k ga maar 's naar huis. 'k Heb hier m'n lesje
wel geleerd.

Gerard
2220 Tot ziens, Beatrijs, 'k ga d'r ook vandoor.
'k Bedenk dat m'n eigen huis al zo lang leeg heb gestaan.
Adieu buurtjes, vaarwel, en denk na over wat je hier geschreven ziet:
Hij wijst op het motto *dat naast het toneel te lezen is.*
'Al zie je de mensen, je kent ze daarom nog niet'.
Els
Hoe vaak wordt de mens door schone schijn bedrogen,
2225 Voor m'n buurman Gerard is 't niet zo erg: die heb geld genoeg.
Jut
Maar wie arme lieden zo schandelijk oplicht,
Die mag van mij opgeknoopt worden.
Dan richt Jut zich tot het publiek.

Als hier iemand is die denkt dat we hem bedoelen,
Dan zullen we 't spel naar zijn wens veranderen en omgooien.
2230 Als hij tenminste zo vriendelijk is
Om ons mee te delen hoe we dat dan moeten doen.
Robbeknol
Beste mensen, wie jullie ook zijn, hebben jullie genoten van dit spel?
Als jullie 't niet zonde vinden van je geld en je tijd,
Laat dat dan uitbundig blijken, en doe me allemaal na.
Hij applaudisseert.
2235 Als 't stuk jullie bevalt, roep dan met z'n allen: 'Ja!'

Voltooid in april 1617
G.A. Bredero
't Kan verkeren

CONTEXT

Stevig applaus gevraagd

Vreemd zoals Jut en Robbeknol het stuk afsluiten. De personages stappen uit hun rol door het publiek rechtstreeks om een reactie te vragen. Dat gebeurt wel vaker in de komedie, vooral in een **monoloog**. Je kunt het vergelijken met de cabaretier die afzonderlijke mensen in het publiek aanspreekt of zelfs de zaal in gaat. Met zo'n actie wordt de **vierde wand** doorbroken. Op het toneel wordt immers de illusie gewekt dat er gespeeld wordt in een ruimte met vier wanden waarvan er één open is, namelijk die aan de kant van het publiek. De toeschouwers zijn letterlijk 'toeschouwers' en geen onderdeel van de toneelactie. Maar dat verandert wanneer een acteur zich direct tot hen richt. Hij breekt dan als het ware door de vierde wand heen. Ook Jerolimo doet het, in zijn openingsmonoloog. Hij vraagt de toeschouwers: zal ik jullie eens iets van mijn avontuurtjes met de meisjes in herberg De Beer vertellen? (r. 12-14)

Het zelfde aan het eind van de *Spaanse Brabander*. Het publiek hoort Els, Jut en Robbeknol opeens als commentatoren van die voorstelling. Ze kijken terug op het toneelstuk en Jut wil de toeschouwers best ter wille zijn als het hun niet bevalt. Als iemand zich persoonlijk aangesproken voelt, zegt ze, dan veranderen we de tekst wel, hoor! Doe maar een voorstel. Jut verwoordt de angst van de auteur. Bredero is bang dat iemand zich herkent in een van de vele genoemde personen uit het toneelstuk. Hierover verklaart de auteur in de inleiding:

Ik heb het stuk in een andere tijd laten spelen, zodat men het minder gemakkelijk op de tegenwoordig levende mensen zal betrekken. Ik heb met de personages ook geen tegenwoordig levende mensen bedoeld.

Bredero wil niet dat iemand in een bepaald personage een daadwerkelijke Amsterdammer ziet. Daarom laat hij het stuk ruim veertig jaar eerder spelen.

In de slotregels roept Jut het publiek op om te reageren als er iets 'veranderd' moet worden. Voordat iemand van de toeschouwers zijn mond kan opendoen, spoort Robbeknol de zaal al aan toch vooral hard te klappen als ze hebben genoten. Zowel de toezegging van Jut om het stuk aan te passen als de oproep van Robbeknol om flink te juichen hebben als functie het spel af te sluiten. Er klinkt zo een duidelijk slotakkoord en de toneelspelers mogen het applaus in ontvangst nemen.

Wie gauw gelooft, is gauw bedrogen

Als de ouderwets geklede Jerolimo voor het eerst op het toneel verschijnt en zijn Antwerpen bejubelt, heeft het publiek meteen door dat deze zuiderling niet te vertrouwen is. Hij vertelt het zelf: met mooie praatjes heeft hij de Amsterdammers om de tuin geleid. De stadsbewoners zijn behoorlijk naïef geweest en vormden een gemakkelijke prooi voor Jerolimo. Ze hebben zich stuk voor stuk laten beetnemen, beklagen zich over de slechtheid van de buitenlanders en betreuren het verloren gaan van de Hollandse eerlijkheid. Maar sommige van die Amsterdammers blijken zelf ook niet zo eerlijk en

Uitkijken dus!

Tijdens de opvoering van de *Spaanse Brabander* zien de toeschouwers naast het toneel een bord hangen. Op dat bord staat het **motto** van het stuk: 'Al zie je de mensen, je kent ze daarom nog niet', ofwel: schijn bedriegt. Het motto vormt de rode draad van het toneelstuk. De *Spaanse Brabander* laat zien hoe oneerlijkheid en wantrouwen een maatschappij kunnen ontwrichten. Het motto is een waarschuwing. Aan iemands uiterlijk kun je niet zien met wat voor persoon je eigenlijk te maken hebt. De personages die de toeschouwers het motto onder de aandacht brengen, zijn zelf ook bedriegers. Jerolimo is de eerste (r. 41). De toeschouwers weten dan al dat hij de boel heeft bedonderd door zich mooier en rijker voor te doen dan hij is. Maar het omgekeerde heet evenzeer bedrog. Gierige Gerard doet zich juist armer voor dan hij is. Hij bedriegt vooral zichzelf. En dan zijn er nog de **oneerlijke armen**, voor wie de **proclamatie** waarschuwt. Zij houden hun hand op terwijl ze best kunnen werken. Gerard wijst zijn buren nog maar eens op het bord voordat hij het toneel verlaat (r. 2223). Denk eraan wat hier geschreven staat! Het slaat ook op hem zelf. Eerder had de corrupte schout het al tegen Els, Jut en Trijn geroepen: er waren veel doortrapte schurken in Amsterdam 'die in hun hart anders zijn as dat ze van buiten lijken' (r. 2156-2157). En maak niet juist deze schout misbruik van zijn macht als hij Beatrijs tot een avontuurtje probeert te verleiden?

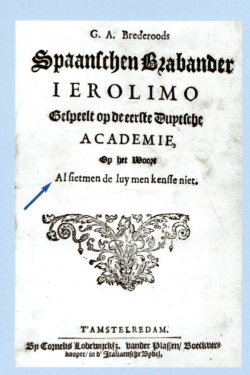

Omdat de lezers van de gedrukte toneeltekst natuurlijk niet in staat zijn het bord met het motto in de toneelzaal te zien hangen, staat de leus prominent op de titelpagina van het stuk: 'Op het Woort Al sietmen de luy men kensse niet'. Dat betekent: Op de spreuk: Al zie je de mensen, je kent ze daarom nog niet. Titelpagina van een uitgave van 1622.

deugdzaam te zijn. In iedere scène speelt wantrouwen wel een rol.

Veel komische teksten uit de Gouden Eeuw laten zien hoe bedrog werkt. Omdat de personages hier altijd extreem zijn gekarakteriseerd, bieden ze de toeschouwer duidelijke voorbeelden van goed en kwaad. De figuren zijn bijvoorbeeld heel erg naïef, bijzonder gierig, of buitengewoon dom. Daarmee voorkwam de auteur dat het verhaal saai werd. Ook kon hij zo gemakkelijk standpunten tegenover elkaar stellen, die dan in felle discussies met flinke scheldpartijen werden uitgevochten. De **kluchten** en **komedies** laten de toeschouwers duidelijk zien hoe ze zich kunnen wapenen tegen misleiding uit onverwachte hoek. Prima lesmateriaal dus voor in het echte leven. Door die overdreven karakterisering kan het toneelpubliek ook afstand bewaren. Want zo naïef, gierig of dom zijn de toeschouwers zelf natuurlijk niet! Maar mogen ze zich dan wel verheven voelen boven de dommeriken uit het toneelstuk? Boven die graaiers die zo slecht tegen hun verlies kunnen nadat ze zich hebben laten bedotten? Bredero zegt hierover in de inleiding bij het toneelstuk:

Als de mens zo zachtaardig was geschapen dat hij iemands fouten liever zou verbeteren dan beschimpen, dan zou hij volmaakter zijn. Maar helaas! We merken van nature eerder de splinter op in andermans oog dan de balk in ons eigen. Ieder praat zijn eigen vergissingen goed en straft de fouten van zijn medemens genadeloos af.

Kijk eerst maar eens naar jezelf, zegt Bredero tegen zijn lezers. De *Spaanse Brabander* laat zien wat er anders gebeurt! Het stuk kaart maatschappelijke misstanden aan waar de personages mede schuldig aan zijn. Er komen zakkenvullers aan het woord die hun eigen straatje schoonvegen en klaarstaan om anderen de les te lezen. Ze zijn bedrogen, bedriegen anderen maar vaak ook zichzelf. In dat laatste geval spreken we van **zelfbedrog**. De Amsterdamse figuren verwijten elkaar hun eigen tekortkomingen. Allemaal hebben ze een onhebbelijkheid: de een voelt haat jegens vreemdelingen, de ander is corrupt, en weer een ander licht de boel op. Uit frustratie ruziën ze met elkaar. Door hun beperkte blikveld, hun bekrompenheid en hebzucht zijn de meeste van hen gemakkelijk in de val getrapt die Jerolimo voor hen heeft klaargezet. Hun woede om het bedrog wentelen ze in het laatste bedrijf af op Gerard, op Robbeknol en op elkaar.

Wat moeten de toeschouwers hier nu mee? Volgens Bredero zijn ze weinig beter dan de ruziemakers in het stuk. Maar het publiek kan wel wat opsteken van de *Spaanse Brabander*. Ze zien immers hoe bedrog werkt en hoe de personages reageren. Dat er snel verwijten klinken bijvoorbeeld. De oplossing? Laat je niet meeslepen door hevige driften en emoties, door oneerlijkheid, hebberigheid, jaloezie of verliefdheid. In het stuk kun je zien wat daarvan komt. Je bent dan niet meer goed in staat om na te denken, waardoor je een gemakkelijke prooi wordt voor bedriegers.

Een flard uit Jerolimo's smoezenvoorraad vernemen we van Joost. Die

Bedrog in de tijd van Bredero, uitgebeeld in een schijnbaar vredig samenzijn. Onder de boom drinken soldaten, boeren en prostituees. Ze kaarten, maken muziek en er wordt gedanst, geflirt en gevreeën. Maar het bedrog ligt op de loer. Links berooft een prostituee een drinkende boer van zijn geld. Zij merkt niet dat een soldaat haar in de kaarten kijkt. Wie bedriegt, wordt bedrogen. Een hoerenmadam houdt vanuit haar woning toezicht. Tekening door David Vinckboons van rond 1605.

heeft zilveren schalen en lepels uitgeleend omdat Jerolimo hem verteld had dat diens Brabantse familie op bezoek kwam (r. 2085). Veel meer details van alle vlotte praatjes waarmee Jerolimo zijn slachtoffers spullen heeft ontfutseld geeft het toneelstuk niet. De Brabander heeft al toegeslagen voordat het spel is begonnen. Maar de reacties op dat bedrog liegen er niet om. De gedupeerden haasten zich om hun ellende kenbaar te maken en slaan elkaar met onredelijke eisen om de oren. Dan storten ze zich als aasgieren op wat overblijft na het vertrek van de Brabantse oplichter: een bed.

Eind goed al goed?

Bredero ontleent de stof van zijn *Spaanse Brabander* aan een hoofdstuk uit de Nederlandse vertaling van de Spaanse **schelmenroman** *Lazarillo de Tormes*. In de ondertitel van die vertaling wordt de roman aangeprezen als 'Een vermakelijke en kluchtige geschiedenis uit Spanje'. Het verhaal was dus zeker bedoeld om te lachen. Bredero maakt er een komisch toneelstuk van en zet de figuren uit de roman om in toneelpersonages. Ook bedenkt hij er nog heel wat bij: de Amsterdammers die niet in de oorspronkelijke roman voorkomen. Die zorgen voor de **couleur locale**, de inkleuring van het stuk met (Amsterdamse) bijzonderheden. Ze vertellen honderduit over hun verleden, over wat hen bezighoudt en over hun familie en vrienden. De verhaallijn van Jerolimo en Robbeknol wordt door de uiteenzettingen en discussies van deze bijfiguren aangevuld maar ook voortdurend onderbroken. Het bijzondere van de *Spaanse Brabander* zit in die persoonlijke verhalen, die soms komisch maar soms ook wel tragisch zijn. Bredero laat de onderlaag van de bevolking aan het woord komen. Het stuk bevat heel wat scènes waarin de Amsterdammers hun hart luchten over de ellende waar ze dagelijks mee te kampen hebben: honger, armoede, ziekte en maatschappelijke onrust. De stedelijke problemen komen serieus in beeld, nu eens met een traan, dan weer met een lach. Ze vertellen ook over hun voorgeschiedenis, over hoe ze in die weinig rooskleurige situatie zijn terechtgekomen. Vaak moesten ze knokken om het hoofd boven water te houden. En nog steeds is het geen vetpot.

Door die sombere ondertoon en de weinig feestelijke afloop is het lastig uit te maken of we de *Spaanse Brabander* nu als een komedie of een klucht moeten zien. Want een **tragedie** is het in ieder geval niet. Een tragedie speelt zich af onder hooggeplaatste personen (vorsten, edelen) die in verheven taal spreken. Zo'n stuk eindigt meestal droevig, met het overlijden van een belangrijk personage. Dat gebeurt allemaal niet in de *Spaanse Brabander*. Een **komedie** doet het tegenovergestelde en handelt over belevenissen van eenvoudige mensen die in gewone taal praten. Zo'n toneelstuk eindigt vrolijk, bijvoorbeeld met een feest. Dat laatste gebeurt niet in ons stuk, dus het is ook geen echte komedie. Is het dan misschien een klucht? De 17de-eeuwse **klucht** behandelt meestal serieuze kwesties, zoals huwelijks- en relatieproblemen, op een komische, overtrokken manier. De hoofdpersoon in een klucht is meestal niet erg sympathiek. De andere personages zijn nogal ingenomen met zichzelf en worden vaak de dupe van hun eigen slechtheid. Dat komt dichter in de buurt. Maar een klucht is altijd veel korter dan een tragedie of komedie en heeft hooguit 700 verzen. De *Spaanse Brabander* telt er 2235, dus het is ook geen echte klucht.

Maar wat is de *Spaanse Brabander* dan wel? We weten het eigenlijk niet. Bredero en zijn tijdgenoten zagen er door de lengte en komische inhoud waarschijnlijk vooral een komedie in. Maar eigenlijk valt het stuk buiten de gangbare toneelgenres. En dat maakt het natuurlijk extra bijzonder. Misschien kunnen we beter van een 'lange klucht' spreken. Er komen immers geen hooggeplaatste personen in voor, het stuk is langer dan een gewone klucht, er valt veel te lachen maar er worden ook problemen aangekaart, en het mist de vrolijke afsluiting van de komedie.

Want echt opgewekt eindigt de *Spaanse Brabander* niet bepaald. Eigenlijk is het slot een beetje vreemd: Jerolimo is weg, verdwenen. De bekrompen, gierige Amsterdammers die op de restanten van zijn bezit azen, blijven vertwijfeld achter en druipen uiteindelijk af. De enige die nog een beetje kan lachen, is Robbeknol: hij wordt met steun van de buurvrouwen vrijgelaten door de schout. En Jerolimo zal wel hebben gelachen, maar die is uit zicht. De twee hoofdpersonages van het stuk, de Antwerpse jonker en zijn Amsterdamse knechtje, die elkaar aan het begin van het stuk ontmoet hebben, zijn nu ieder hun eigen weg gegaan. Staat dit einde symbool voor de verschuiving van het economische en culturele zwaartepunt van Antwerpen naar Amsterdam in de jaren tussen het moment waarop het stuk zich afspeelt ('tijdens de pestepidemie van meer dan veertig jaar geleden') en de première ervan op de **Nederduitse Academie**? De glorietijd van Antwerpen (Jerolimo) was ooit aanwezig maar is in 1617 verdwenen. De relatie tussen beide steden wordt bepaald door de **immigranten**, de vreemdelingen over wie in het derde bedrijf zo uitvoerig wordt gediscussieerd. In het vijfde bedrijf lijken de rollen omgedraaid. Robbeknol is uit handen van de schout bevrijd en gaat een nieuw avontuur tegemoet. Ook Amsterdam lijkt rond 1617 bevrijd, van de scherpe armoede en bekrompenheid die een vroegere periode beheersten. De stad staat klaar om de bloei van Antwerpen over te nemen. De Gouden Eeuw is nu echt aangebroken.

Opdrachten

De opdrachten zijn per hoofdstuk verdeeld en in thema's ondergebracht, zodat je iets kunt kiezen wat je interessant lijkt. Ook zijn er vragen die over het verhaal als geheel gaan. Ze staan in de afdeling 'Overkoepelende opdrachten'.

Er zijn drie soorten vragen. De A-vragen dienen om belangrijke onderwerpen samen te vatten en te controleren of je hebt begrepen wat er staat. De B-vragen toetsen niet alleen het begrip van de stof maar geven je ook de mogelijkheid die toe te passen. De C-vragen zijn bedoeld voor een persoonlijke visie op de stof en een creatieve verwerking ervan waarin jouw bijdrage centraal staat. Met de C-vragen oefen je ook vaak andere onderdelen van het vak Nederlands, zoals spreek- of schrijfvaardigheid en argumentatie. Het is handig om in overleg met je docent één of meer thema's of hoofdstukken te kiezen voor je aan het boek begint, zodat je al tijdens het lezen aan het werk kunt. Spreek met je docent af hoe je de antwoorden inlevert, bijvoorbeeld in een dossier. Bij opdrachten met een G kun je in een groep samenwerken.

Het eerste bedrijf

1 Genre en personages

A Leg uit wat een **schelmenroman** is. Wat heeft de *Spaanse Brabander* te maken met de schelmenroman *Lazarillo de Tormes*? Haal de informatie uit de toelichting bij het eerste bedrijf.

B Verklaar de titel van het stuk: de *Spaanse Brabander*. Waarom heeft Bredero voor een Brabander gekozen? Haal je antwoord uit de toelichting bij het eerste bedrijf. Geef een citaat van Jerolimo dat je typerend vindt voor zijn rol als *Spaanse Brabander*.

C Neem Robbeknol een interview af waarin hij in maximaal 150 woorden vertelt over zijn nieuwe meester. Wat denkt hij van het uiterlijk, taalgebruik en karakter van Jerolimo? Welke verwachtingen heeft hij van zijn nieuwe baantje?

2 Taal en taalgebruik

A Het Brabants is een **mengelmoes** en kan in zuiverheid niet met het Hollands worden vergeleken. Althans, dat beweert Jerolimo in de regels 183-184. Wat bedoelt hij? En waarom kun je de reactie van Robbeknol hierop in de regels 185-187 'ironisch' noemen?

B Maak voor de volgende Engelse **leenwoorden** een schema als op p. 26 en zet er de bijbehorende Nederlandse termen naast. Indien je geen bijpassende Nederlandse term kent, omschrijf je het begrip. Hoe komt het dat er voor sommige van deze woorden geen Nederlands woord is dat precies hetzelfde betekent?

    aboriginal, allround, babysit, barbecue (BBQ), brainstorm, camping, catering, discount, emoticon, fanmail, glamourgirl, helpdesk, intensive care, junkfood, lookalike, occasion, partner, printer, reminder, sale, scrubben, singer-songwriter, striptease, top secret, weekend, winegum, zappen

G Ben je het eens of oneens met de volgende stellingen? Waarom?
1. Het hedendaagse gebruik van Engelse woorden maakt de Nederlandse taal armer en slechter.
2. De vele leenwoorden die Jerolimo gebruikt laten zien dat het Nederlands er toen al slecht aan toe was.

3 Stereotypen

A Leg uit waarom oorlogen de stereotypering van volkeren versterken. Waarom werden Spanjaarden in de tijd van Bredero als 'hoogmoedig' beschouwd? Haal de informatie uit de toelichting bij het eerste bedrijf. Motiveer je antwoord.

B Zoek op internet naar moderne stereotypering van een bevolking of een bevolkingsgroep. Geef aan waar de stereotypering vandaan komt of waar deze op steunt. Worden Spanjaarden nog steeds als 'hoogmoedig' gezien?

4 Anachronisme

A Wat is een **anachronisme**? Leg uit waarom er zo veel anachronismen voorkomen in de *Spaanse Brabander*.

B Jerolimo komt in het eerste bedrijf op als een armoedige edelman, gekleed in ouderwetse, versleten kleren en sprekend met een Antwerps dialect vol dure Franse woorden. Zou je dit ook een 'anachronisme' kunnen noemen? Motiveer je antwoord.

G Jerolimo scheldt de Hollanders uit voor **botmuilen**. Een toneelstuk is **fictie**, verzonnen dus. Discussieer klassikaal of in groepen over de vraag of een auteur in een literaire tekst alles mag zeggen. Of zijn er grenzen? En waar liggen die grenzen dan?

5 Bankroet

A Welke twee soorten **bankroet** worden door Jan onderscheiden (r. 367-379)? Wat zegt Bredero in het voorwoord bij het stuk over het onderscheid tussen beide soorten? Haal de informatie uit de toelichting bij het eerste bedrijf. Leg Bredero's opvatting in je eigen woorden uit.

B Tot welk van beide soorten bankroetiers reken je Jerolimo? Leg dit uit aan de hand van twee citaten uit de tekst van het eerste toneel van het eerste bedrijf. Zet de regelnummers erbij.

Het tweede bedrijf

6 Prostitutie

A Hoeveel geld hebben An en Trijn verdiend met hun werkzaamheden? Beschrijf wat ze met hun geld gaan doen. Haal de informatie uit de tekst en toelichting bij het tweede toneel van het tweede bedrijf.
B An en Trijn vertellen elkaar hoe ze in de prostitutie zijn beland. Maak een vergelijking tussen de twee verhalen op basis van de tekst uit het vierde toneel van het tweede bedrijf. Verwerk in de vergelijking de volgende vier punten: 1. waar vonden de gebeurtenissen plaats, 2. hoe oud waren An en Trijn toen, 3. op welke manier werden ze verleid, en 4. wat was de uiteindelijke oorzaak dat ze in de prostitutie gingen? Welke overeenkomsten zie je tussen beide geschiedenissen?
C Schrijf namens An een brief van maximaal 300 woorden aan een goede vriendin, op het moment dat ze als veertienjarige zonder werk op straat is gezet (r. 777). Verwerk in de brief de volgende vier onderdelen: 1. de gebeurtenissen van de voorafgaande weken, 2. haar gevoelens als ze ontslag krijgt, 3. de vraag of ze al dan niet vrijwillig in het vak terechtkomt, en 4. hoe ze haar toekomst ziet. Voor het laatste punt kun je informatie vinden in de toelichting over 'Zorg voor de armen' en 'Stad van de betaalde liefde' op p. 48-49.

7 Zingen en eten

A Wat is een **contrafact**? Waarom kun je gemakkelijk meezingen als een liedje een contrafact is?
B Zoek op de site van de Liederenbank (www.liederenbank.nl) naar het liedje dat Jerolimo met de dames zingt: 'Betteken voer naar Mariemont'. Hoeveel liedjes zijn er bekend die op de melodie van 'Betteken…' worden gezongen? Maak een lijstje met de beginregel van de liedjes die Bredero op deze melodie maakte. Neem een van deze liedjes van Bredero, zoek er via de link naar de DBNL de tekst bij. Herschrijf de tekst van het liedje in hedendaags Nederlands (zonder rijm en metrum). Wat is er grappig aan jouw liedje?
C Trijn kwam in haar jeugd met haar vriendje in de Kartuizer Herberg terecht. Wat aten ze daar? Bedenk een luxe en een goedkope maaltijd, beide met een voor-, hoofd- en nagerecht en bijbehorende drank. Maak gebruik van de informatie uit de toelichting bij het tweede bedrijf over de opgravingen bij de herberg en van de toelichting in 'Bergen eten' en 'Helder water bij de Raampoortsteiger'.

8 De verleidingstrucs van Jerolimo

A Op welke drie manieren probeert Jerolimo deftig over te komen bij de prostituees? Verwijs naar de tekst van het tweede en derde toneel van het tweede bedrijf.
B Welke versiertrucs gebruikt Jerolimo om de prostituees te verleiden? Noem er drie en geef aan hoe de dames op zijn trucs reageren. Waarom mislukt zijn poging uiteindelijk? Verwijs naar de tekst in het tweede, derde en vierde toneel van het tweede bedrijf.

C   Zoek op internet naar (Nederlandse of Vlaamse) schilderijen of prenten uit de 17de eeuw met de mythologische namen en begrippen die Jerolimo noemt (r. 632-653). Gebruik bij voorkeur de site van het Rijksmuseum Amsterdam (www.rijksmuseum.nl/nl/rijksstudio). Kies drie afbeeldingen uit. Als je met een dossier werkt, zet je ze daarin over. Beschrijf de mythes die worden afgebeeld. Overleg eventueel met je docent ckv.
G   'An en Trijn hebben duidelijk veel plezier in hun werk. Daarom zijn de huidige zorgen om het beroep van prostituee zwaar overtrokken.' Welke drogreden(en) herken je in deze argumentatie? Maak er een of twee geldige redeneringen van.

Het derde bedrijf

9 Drogreden
A   Wat is een **ambiguïteitsdrogreden**? Verklaar waarom de uitspraak op het tegeltje (op p. 51) dubbelzinnig is.
B   Lees de discussie (r. 1006-1041) tussen Jan, Andries en Harmen. Geef twee voorbeelden van woorden of zinnen in deze discussie die dubbelzinnig zijn en leg uit waarom ze dubbelzinnig zijn.

10 Identiteit en eer
A   Hoe verklaart Erasmus de simpelheid en botheid van de Hollanders in zijn *Lof der Zotheid*? Haal de informatie uit de toelichting bij het derde bedrijf.
B   Het beeld dat Jan Knol van de Hollanders heeft, sluit aan bij Erasmus' verklaring. Citeer twee uitspraken van Jan uit het tweede toneel van het derde bedrijf waaruit dat blijkt. Zet de regelnummers erbij.
G   Lees de tekst van het zesde toneel van het derde bedrijf. Bekijk de volgende stelling: 'Dat Trijn voor 'hoer' wordt uitgemaakt, is haar eigen schuld. Ze was vroeger immers prostituee.' Ben je het daarmee eens of oneens? Waarom?

11 De proclamatie
A   In de tijd van Bredero konden stedelijke regels op verschillende manieren onder de inwoners worden verspreid. Leg uit welke manieren dat waren en beschrijf ze kort. Haal de informatie uit de toelichting bij het derde bedrijf.
B   Bredero heeft de regels in de **proclamatie** zelf bedacht. Maar hij stelde ze op alsof het regels waren van het Amsterdamse stadsbestuur. Waaraan kun je dat zien? Noem drie punten. Richt je op de tekst van het derde toneel van het derde bedrijf. Welke regels worden tegenwoordig op stedelijk of lokaal niveau opgesteld? Zoek voorbeelden op internet.
C   Schrijf voor de plaatselijke krant een nieuwsbericht van maximaal 250 woorden over de **proclamatie** van het stadsbestuur. Leg eerst kort uit wat de proclamatie inhoudt en schets een beeld van de reactie op de proclamatie van stadsbewoners als Jan, Harmen en Andries. Gebruik voor je bericht het tweede, derde en vierde

toneel van het derde bedrijf en de informatie uit de toelichting bij dit bedrijf. Je mag Jan, Andries en Harmen citeren of parafraseren.

12 Immigratie/vluchtelingen

A Waarom kwamen er in de 17de eeuw zo veel mensen naar Amsterdam? Waar kwamen ze vandaan? Haal informatie uit de toelichting bij het derde bedrijf.

B De houding tegenover **immigranten** in de 17de eeuw kan het beste gekarakteriseerd worden door het begrip 'selectieve tolerantie' (p. 66). Leg uit wat dat betekent en geef twee duidelijke voorbeelden. Baseer je op de toelichting bij het derde bedrijf. Vind je dat de Nederlandse samenleving op dit moment nog steeds 'selectief tolerant' is ten aanzien van vluchtelingen en immigranten? Verklaar je antwoord.

G Debatstelling: Het huidige debat over immigratie wordt veel genuanceerder gevoerd dan dat in de *Spaanse Brabander*.

G Voor het verbod op het rondtrekken van bedelaars en andere nietsnutten worden in de **proclamatie** verschillende redenen gegeven. Verzamel eerst al die argumenten en breng ze onder in een argumentatieschema vanuit de stelling: 'Bedelen moet verboden worden'.

13 Godsdienstkwesties

A Beschrijf de discussie over de goddelijke voorbeschikking in je eigen woorden (maximaal 80 woorden). Welke twee standpunten werden er ingenomen? Haal de informatie uit de toelichting 'Scheuring in de kerk'.

B Andries wijt de crisis en armoede aan 'scheuring in de kerk', een weinig specifieke aanduiding (r. 1009). Welke twee religieuze twisten kunnen de toeschouwers in deze 'scheuring in de kerk' herkend hebben? Waarom heeft Bredero de omschrijving van deze ruzie vaag gehouden? Haal info uit de toelichting 'Scheuring in de kerk'.

Het vierde bedrijf

14 Geld en werk

A ''k Zou allang dood zijn geweest had 'k niet een plan bedacht' (r. 1485). Waarom moest Beatrijs een plan bedenken en waaruit bestaat dat plan?

B Beschrijf hoe Jerolimo, Robbeknol, Beatrijs en Gerard geld verdienen of met geld omgaan. Richt je op de tekst van het vierde bedrijf. Wie van hen is in financieel opzicht het buitenbeentje? Motiveer je antwoord.

C Je bent journalist en schrijft voor de stadskrant. Beatrijs heeft je gevraagd een interview met haar af te nemen waarin haar 'huwelijksbureau' wordt aangeprezen. Ze wil in het interview wel iets vertellen over haar escorteservice, maar zonder dat haar reputatie daar schade van ondervindt. Ze blijft er dus wat vaag over. Schijf een interview van maximaal 250 woorden voor de krant waarin Beatrijs haar bureautje aanbeveelt. Ze vertelt ook iets over haar verleden, haar andere werkzaamheden, en over waar je haar kunt vinden in de stad. Je baseert je op de tekst van het eerste toneel van het vierde bedrijf, maar bent vrij om zelf informatie aan te vullen.

15 De Nederduitse Academie

A Leg uit wat het toneelstuk *Spaanse Brabander* te maken heeft met de **Nederduitse Academie**. Wat is het verschil tussen de Nederduitse Academie en **De Eglentier**? Haal de informatie uit de toelichting bij het vierde bedrijf.

B Bedenk op basis van de toelichting 'Toneelopvoeringen in Amsterdam' waarom de sluiting van de Nederduitse Academie in 1622 nadelig was voor de stad Amsterdam? Noem twee punten.

C Schrijf een advertentie voor het stadsblad van maximaal 200 woorden waarin je de opening van de Nederduitse Academie aankondigt. De tekst is wervend, want hoe meer mensen er komen, hoe groter de inkomsten. Vermeld dat de *Spaanse Brabander* binnenkort wordt opgevoerd en maak het publiek alvast enthousiast voor het stuk door in een of twee zinnen iets over de inhoud te vertellen, zonder de afloop te verklappen. Maak in je advertentie ook reclame voor de andere activiteiten in het gebouw. Waar kunnen de lezers het gebouw vinden? Bedenk zelf een logo voor de Nederduitse Academie.

16 Literaire middelen

A Waarom zijn spreuken in een 17de-eeuwse spreukenverzameling meestal op trefwoord geordend? Haal informatie hierover uit de toelichting bij het vierde bedrijf.

B De opmerking van Beatrijs over het aantal mannen dat ze in haar jeugd heeft versleten (r. 1486-1489), is een literaire stijlfiguur, namelijk een *hyperbool*. Zoek op internet na wat een hyperbool is en leg uit hoe Beatrijs er gebruik van maakt. Kun je nog andere hyperbolen in de tekst van het vierde bedrijf vinden?

C Bedenk regieaanwijzingen voor het vijfde toneel van het vierde bedrijf. Werk regel voor regel en let op woorden in de tekst die als signalen voor acties kunnen dienen. Welke emoties (verontwaardiging, woede, afkeer) blijken uit de woorden? Schrijf bij elke 'spreekbeurt' in je eigen woorden op wat de acteur doet terwijl hij spreekt. Wat doet Jerolimo voordat hij aan de deur komt? Volgt hij de discussie en reageert hij (bijvoorbeeld met gebaren of uitroepen) of is hij met andere dingen bezig? Denk bij alle personages ook aan stemvolume (hard, zacht, fluisteren), gebaren en andere bewegingen. Overleg eventueel met je docent drama.

Het vijfde bedrijf

17 Motto

A Leg uit wat het **motto** van het stuk betekent: 'Al zie je de mensen, je kent ze daarom nog niet'. Waarom wijzen diverse personages in het vijfde bedrijf op het motto?

B Is het **motto** nog actueel? Zoek op nieuwssites en in lokale kranten of landelijke dagbladen naar drie voorbeelden van oplichtingspraktijken die vergelijkbaar zijn met het bedrog van Jerolimo. Hoe zijn de mensen opgelicht? En hoe was de afloop van deze gebeurtenissen?

C Schrijf voor de website van je school een recensie van het toneelstuk van maximaal 250 woorden. Kies zelf of je het stuk gezien of gelezen hebt. Begin met het **motto** van het stuk. Leg uit wat het betekent en wat het met het toneelstuk te maken heeft. Hoe worden de mensen bedrogen en in welke situaties? Als je (nog) niet het hele stuk hebt gelezen, beperk je je tot de gelezen delen. Je mag de teksten van alle personages gebruiken. Maak de andere leerlingen van je school nieuwsgierig naar het stuk door een aantrekkelijke tekst te schrijven met goedlopende zinnen.

18 Bedrog

A Bredero zegt in de inleiding van de *Spaanse Brabander* dat hij het stuk in een andere tijd heeft laten spelen. Wat is volgens hem de reden hiervoor geweest? Haal de informatie uit de toelichting bij het vijfde bedrijf.

B Wat betekent het begrip **zelfbedrog**? Leg uit wat de toeschouwers van het toneelstuk kunnen leren van het gedrag van de personages die in Jerolimo's val zijn getrapt. Haal de informatie uit de toelichting bij het vijfde bedrijf.

19 De afloop van het toneelstuk

A Leg uit wat het begrip **vierde wand** inhoudt. Zoek in de toelichting bij het vijfde bedrijf op wat de functie is van het doorbreken van de vierde wand aan het eind van de *Spaanse Brabander*. Geef twee citaten uit de tekst om je antwoord te verduidelijken.

B Bredero zet niet alleen een datum en zijn naam onder het toneelstuk maar ook zijn zinspreuk: ''t Kan verkeren'. Zoek via internet op wat een zinspreuk is en wat ''t Kan verkeren' betekent. Houdt de zinspreuk naar jouw mening verband met de afloop van het stuk? Gebruik de inhoud van het vijfde bedrijf om je antwoord toe te lichten.

C Had het toneelstuk ook anders kunnen eindigen? Stel je voor dat het verhaal na r. 2227 nog doorloopt met een nieuwe scène en tot een nieuw slot leidt. Maak een schematische opzet en schrijf dan een vervolgscène van maximaal 100 regels. Zorg voor een duidelijke afsluiting.

Overkoepelende vragen (alle bedrijven)

20 Jerolimo en Robbeknol
A   Vergelijk de afbeelding van de Spanjaard uit het boek van Heyns op p. 12 met de manier waarop Jerolimo is gekleed op de afbeelding van Buytewech in de cirkel met nummer 5, op p. 63. Welke van deze afbeeldingen komt het meeste overeen met de figuur van Jerolimo zoals die in het stuk wordt beschreven? Maak gebruik van de tekst in het eerste en tweede bedrijf en motiveer je antwoord.
B   Nadat Robbeknol in dienst is getreden bij Jerolimo, heeft hij nog steeds vaak honger. Noem twee redenen waarom hij zijn meester toch trouw blijft, tot aan het eind toe. Gebruik de tekst van de eerste vier bedrijven en informatie uit de context 'Sociale spanningen in de stad' van het derde bedrijf.
G   'De manier waarop Jerolimo met Franse leenwoorden indruk probeert te maken op zijn omgeving is vergelijkbaar met hoe mensen tegenwoordig Engelse (leen)woorden gebruiken.' Ben je het eens of oneens met deze stelling? Waarom?

21 Stereotypen
A   Toon aan dat Gierige Gerard consequent als het type van de gierige, inhalige oude man is uitgebeeld. Haal je bewijsmateriaal uit het vierde en vijfde bedrijf.
C   De namen van personages in het komische toneel van de 17de eeuw zeggen vaak iets over hun karakter of hoedanigheid. Ze ondersteunen zo de **stereotypen**. Dat geldt ook voor Trijn Snaps, Els Kals en Otje Dikmuil. Welke kenmerkende eigenschap is onderdeel van hun naam? Gebruik hiervoor een historisch woordenboek op internet: http://gtb.inl.nl. Zijn er nog andere 'sprekende namen' in het stuk?

22 Het toneelstuk: de vorm
A   Leg uit wat het begrip **'monoloog'** betekent. Geef drie voorbeelden van een monoloog in het eerste en tweede bedrijf en zet de regelnummers erbij. Beschrijf kort welke informatie het publiek krijgt via de monoloog.
B   Kun je de discussie over vreemdelingen, immigratie en integratie in het tweede en derde bedrijf als een **anachronisme** zien? Zoek informatie hierover in de toelichting bij het derde bedrijf en motiveer je antwoord.
B   Het toneelstuk is in vijf delen (bedrijven) verdeeld. Maar gedurende hoeveel dagen speelt het verhaal zich af? Geef voor alle bedrijven aan op welke dag (1, 2, enz.) en op welk moment van de dag (ochtend, middag, avond) het speelt. Laat met duidelijke voorbeelden zien waarop je keuze is gebaseerd. Wat kun je concluderen over de verhouding tussen verteltijd en vertelde tijd?

23 Het toneelstuk: de achtergrond
A   Zoek op internet naar informatie over de Spaanse **schelmenroman** *Lazarillo de Tormes*. Wie is de auteur van de Spaanse tekst?
G   In de inleiding van de *Spaanse Brabander* verklaart Bredero dat hij het verhaal in

een andere tijd heeft laten spelen 'zodat men het minder gemakkelijk op de tegenwoordig levende mensen zal betrekken' (p. 87). Overleg in een groepje welke personen, situaties of gebeurtenissen uit het stuk als pijnlijk of aanstootgevend konden worden ervaren door de toeschouwers in het Amsterdam van 1617. Noem minimaal drie punten. Denk hierbij vooral aan scènes die in religieus of moreel opzicht gevoelig lagen.

24 Personages

A   Veel personages in de *Spaanse Brabander* zijn gebiologeerd door geld: het onderwerp zit constant in hun hoofd. Dat geldt ook voor An, Trijn, Beatrijs en Gierige Gerard. Laat aan de hand van citaten uit het tweede en vierde bedrijf zien hoe het gedrag van deze personages door de jacht op geld wordt bepaald.

B   Kies een willekeurig personage uit de *Spaanse Brabander*. Laat dat personage verslag (maximaal 200 woorden) uitbrengen van de gebeurtenissen in het toneelstuk vanuit zijn of haar perspectief. Gebruik in het verslag de volgende acht termen uit de *Begrippenlijst*: bankroet, immigranten, leenwoorden, motto, oneerlijke armen, oude eenvoud, proclamatie, zelfbedrog.

C   Kies twee of drie personages uit het stuk en neem ze een interview af over een van de volgende thema's: prostitutie, immigratie, bedelarij. Bedenk minimaal vijf interviewvragen. Baseer de antwoorden in het interview steeds op de tekst van het toneelstuk. Schrijf een korte inleiding bij je vragen waaruit blijkt op welke hoofdvraag je met je interview antwoord hoopt te krijgen. Werk je vragen en antwoorden vervolgens uit en schrijf een korte conclusie. Je stukje van 300 tot 500 woorden moet in een krant kunnen worden opgenomen.

G   'Prostituees hebben het nu beter dan in de 17de eeuw, omdat het tegenwoordig een legaal beroep is.' Ben je het eens of oneens met deze stelling? Waarom? Haal achtergrondinformatie over prostitutie in de 17de eeuw uit de toelichting bij het tweede bedrijf, op p. 49.

25 Algemeen

A   Zoek op internet naar Nederlandse prenten uit de eerste helft van de 17de eeuw waarop bedelaars staan. Kijk bijvoorbeeld op de site van het Rijksmuseum in Amsterdam of van het Amsterdam Museum, of op sites over specifieke schilders uit die periode (Pieter Quast, Salomon Savery, Rembrandt, David Vinckboons, Cornelis de Wael, Adriaen van de Venne). Selecteer drie prenten en sla ze op. Als je met een dossier werkt, zet je ze daarin over. Kun je op de afbeeldingen een onderscheid tussen **echte armen** en **oneerlijke armen** vinden? Welke signalen geven de schilders daarover? Motiveer steeds je antwoord door een nauwkeurige beschrijving van de prent te geven.

B   Robbeknol voorziet de leugens en opscheppcrij van Jerolimo vaak van komisch commentaar. Daarbij gebruikt hij **ironie**. Als Jerolimo de soberheid prijst, leidt Robbeknol daar snel uit af dat hij bij zijn nieuwe baas weinig te eten zal krijgen (r. 257-258). Zoek in verschillende scènes van het eerste en tweede bedrijf vier grootsprakige, opschepperige uitspraken van Jerolimo met daarbij de nuchtere, ironische reactie van Robbeknol. Laat steeds zien waarin de overdrijving van Jerolimo zit, en hoe Robbeknol daar spottend op reageert. Welk effect heeft dit gebruik van ironie op de toeschouwers?

C   Je brengt een bezoek aan Amsterdam. Het is 1617 en je kijkt je ogen uit. Er staan tal van nieuwe, bijzondere gebouwen. Stel een 'reisverslag' op waarin je minimaal drie betrekkelijk nieuwe gebouwen in de stad beschrijft. Vermijd **anachronismen**. Probeer je zo veel mogelijk in te leven in de 17de-eeuwer. Beschrijf ook hoe je naar Amsterdam bent gereisd en waar je logeert. Gebruik maximaal 500 woorden. Tip: een aantal gebouwen wordt vermeld in de toelichting bij het derde bedrijf. Toneellocaties worden in het vierde bedrijf toegelicht. Over vervoer en herbergen staat informatie in de toelichting bij het tweede bedrijf.

Voor wie meer wil weten

Hieronder staan boeken en sites die kunnen dienen als verdiepingsliteratuur. Ze geven veel informatie over de onderwerpen uit dit boekje. Een aantal van de hier genoemde studies is beschikbaar via de site van de Digitale Bibliotheek voor de Nederlandse Letteren (DBNL): www.dbnl.org.

Edities van de *Spaanse Brabander*
De eerste uitgave van het toneelstuk uit 1618 (ook foto's van de oude druk zelf) vind je op Ceneton: www.let.leidenuniv.nl/Dutch/Ceneton/.

Voor de wetenschappelijke editie (1974) van het toneelstuk kun je terecht bij de DBNL (www.dbnl.org). In deze editie staat heel veel commentaar en toelichting bij het stuk, verzorgd door C.F.P. Stutterheim.

Ook de recentste wetenschappelijk verantwoorde uitgave (1999), verzorgd door E.K. Grootes, vind je op de DBNL (*Moortje en Spaanschen Brabander*).

Een editie met een moderne vertaling is: G.A. Bredero, *Spaansche Brabander*, vertaald en verzorgd door H. Adema, Leeuwarden 1992.

Andere nuttige sites die achtergrondinformatie kunnen leveren bij dit stuk
Over de Nederlandse literatuur uit de 17de eeuw:
www.literatuurgeschiedenis.nl/Gouden Eeuw.

De betekenis van literaire termen kun je nazoeken in het *Letterkundig lexicon voor de neerlandistiek* (2002), onder redactie van G.J. van Bork e.a. Het lexicon staat op de DBNL.

Een interessante site over immigratie is: www.vijfeeuwenmigratie.nl.

De site van Theo Bakker behandelt een aantal belangrijke onderwerpen uit de geschiedenis van Amsterdam:
www.theobakker.net/menu_amsterdam_pdf.html.

Ook het tijdschrift *Ons Amsterdam* heeft een site waarop je veel informatie vindt over de geschiedenis van de stad: www.onsamsterdam.nl.

Historische afbeeldingen, schilderijen en etsen vind je gemakkelijk via de site van het Rijksmuseum: https://www.rijksmuseum.nl/nl/rijksstudio.

Op de site van het Stadsarchief Amsterdam kun je vooral naar afbeeldingen van locaties zoeken, uit allerlei perioden: http://beeldbank.amsterdam.nl/.

Voor schilderijen, beelden, prenten, tekeningen, boeken, meubels, textiel en glaswerk uit Amsterdam raadpleeg je de collecties van het Amsterdam Museum: https://www.amsterdammuseum.nl/.

Verdere literatuur

Over de historische situering en datering van het stuk: C. Rooker, 'Bredero, poëet en Amsterdammer, en de Spaanse Brabander', *Literatuur* 8 (1991), p. 30-38.

Over de positie van de auteur ten aanzien van de uitspraken in het toneelstuk: René van Stipriaan, 'Historische distantie in de *Spaanschen Brabander*', *Nederlandse letterkunde* 2 (1997), p. 103-127.

Over de tegenstrijdige informatie die de lezer van het stuk krijgt aangereikt: René van Stipriaan, 'De *Spaanschen Brabander*, een kluchtig spel', *Nederlandse letterkunde* 2 (1997), p. 45-66.

René van Stipriaan, 'Hollandse botheid in de *Spaanschen Brabander*', in: W. Abrahamse e.a. (red.), *Kort Tijt-verdrijf. Opstellen over Nederlands toneel (vanaf ca. 1550) aangeboden aan Mieke B. Smits-Veldt*, Amsterdam 1996, p. 95-101.

Over het leven van Bredero (chronologisch, per jaar): G. Stuiveling, *Memoriaal van Bredero*, Culemborg 1970.

M.A. Schenkeveld-Van der Dussen, 'Portret van Bredero', *Ons Erfdeel* 28 (1985), p. 643-649.

Over het leven en werk van Bredero vind je overzichtelijke informatie op de site van de Koninklijke Bibliotheek Den Haag: www.kb.nl/themas/nederlandse-poezie/dichters-uit-het-verleden/gerbrand-adriaensz-bredero-1585-1618.

Een gedicht van Hendrik Marsman waarin Bredero als een drinkende, ongelukkige losbol wordt afgeschilderd, 'Breero' (1930), vind je in Marsmans *Verzamelde gedichten*, Amsterdam 1941. Het wordt voorgelezen op YouTube.

Over de literaire waardering van Bredero door de eeuwen heen: J.P. Naeff, *De waardering van Gerbrand Adriaenszoon Bredero*, Gorinchem 1960.

Bredero's proza met een vertaling in modern Nederlands is te vinden in: G.A. Bredero, *Proza*, verzorgd en vertaald door J. Jansen, Hilversum 2011. Hier vind je ook Bredero's inleiding bij de *Spaanse Brabander* in een moderne vertaling.

Amsterdams toneel tijdens het leven van Bredero wordt beschreven door
W.M.H. Hummelen, *Amsterdams toneel in het begin van de Gouden Eeuw. Studies over Het Wit Lavendel en de Nederduytsche Academie*, Den Haag 1982.

Over de sociale vraagstukken van armoede en rijkdom: A.Th. van Deursen, *Mensen van klein vermogen. Het 'kopergeld' van de Gouden Eeuw*, Amsterdam 1991.

Informatie over Amsterdam in de Gouden Eeuw is te vinden in: Roelof van Gelder en Renée Kistemaker, *Amsterdam 1275-1795. De ontwikkeling van een handelsmetropool*, Amsterdam 1983.

Thimo de Nijs en Eelco Beukers (red.), *Geschiedenis van Holland*, Deel II: *1572-1795*, Hilversum 2002.

Veel informatie bieden verder:
Gustaaf Asaert, *1585. De val van Antwerpen en de uittocht van Vlamingen en Brabanders*, Tielt 2004.
Paul Dijstelberge, 'De pest in Bredero's *Spaanse Brabander* "De gave Gods"', *Literatuur* 9 (1992), p. 273-278.
J.G. van Dillen, 'Amsterdam in Bredero's tijd', *De Gids* 99 (1935), p. 308-336.
Marieke van Doorninck en Erika Kuijpers, *De geschoolde stad. Onderwijs in Amsterdam in de Gouden Eeuw*, Hilversum 1993.
Arie-Jan Gelderblom, 'Welke Bredero herdenken we eigenlijk? Het wisselend beeld van de kunstenaar', *Literatuur* 2 (1985), p. 146-152.
Lia van Gemert, 'De snoepige grillen van hillebillen. Straatgewoel op het zeventiende-eeuwse toneel', in: E. Ruijsendaal e.a. (red.), *Bon jours Neef, ghoeden dagh Cozyn! Opstellen aangeboden aan Geert Dibbets…*, Münster 2003, p. 121-134.
E.K. Grootes, 'De Spaanse Brabander', *Spiegel Historiael* 3 (1968), p. 466-472.
E.K. Grootes, *Het literaire leven in de zeventiende eeuw*, Culemborg 1984.
E.K. Grootes, 'Zeventiende-eeuwse literatuur als bron van historische kennis', *De zeventiende eeuw* 1 (1985), p. 3-11.
Kornee van der Haaven, 'Dat dan de Schouwburg nooit op godsdienst schempe of smaal…'. De herziene Schouwburgdrukken van 1729 en het verbod op godsdienstig en onbetamelijk toneel in de Amsterdamse Schouwburg', *Documentatieblad werkgroep Achttiende eeuw* 36 (2004), p. 1-20.
S. Hart, 'Geschrift en getal. Onderzoek naar de samenstelling van de bevolking van Amsterdam in de 17e en 18e eeuw, op grond van gegevens over migratie, huwelijk, beroep en alfabetisme', in: idem, *Geschrift en getal. Een keur uit de demografisch-, economisch-, en sociaal-historische studiën op grond van Amsterdamse en Zaanse archivalia, 1600-1800*, Dordrecht 1976, p. 115-181.
M. Hell en E. Los, *Amsterdam voor vijf duiten per dag*, Amsterdam 2015.
Angela Jager, *'Galey-schilders' en 'Dosijnwerck'. De productie, distributie en consumptie*

van goedkope historiestukken in zeventiende-eeuws Amsterdam, dissertatie Universiteit van Amsterdam, Amsterdam 2016.

G.H. Janssen, *Nieuw Amsterdam*, inaugurele rede, Amsterdam 2014.

J. Jobse-Van Putten, *Eenvoudig maar voedzaam. Cultuurgeschiedenis van de dagelijkse maaltijd in Nederland*. Nijmegen 1995.

A. Knotter en J. Luiten van Zanden, 'Immigratie en arbeidsmarkt te Amsterdam in de 17e eeuw', *Tijdschrift voor Sociale Geschiedenis* 13 (1987), p. 403-430.

Erika Kuijpers, 'Lezen en schrijven. Onderzoek naar het alfabetiseringsniveau in zeventiende-eeuws Amsterdam', *Tijdschrift voor sociale geschiedenis* 23 (1997), p. 490-523.

Erika Kuijpers, *Migrantenstad. Immigratie en sociale verhoudingen in 17e eeuws Amsterdam,* Hilversum 2005.

Clé Lesger, *Het winkellandschap van Amsterdam. Stedelijke structuur en winkelbedrijf in de vroegmoderne en moderne tijd, 1550-2000*, Hilversum 2013.

J. Lucassen en R. Penninx, *Nieuwkomers, nakomelingen, Nederlanders. Immigranten in Nederland 1550-1993*, Amsterdam 1995.

M. Meijer Drees, *Andere landen, andere mensen. De beeldvorming van Holland versus Spanje en Engeland omstreeks 1650*, Den Haag 1997.

Hessel Miedema, 'De grootmoedigheid van Scipio, een schilderij van Karel van Mander uit 1600', *Bulletin van het Rijksmuseum* 26, nr. 2 (1978), p. 51-59.

Lotte van de Pol, *Het Amsterdams hoerdom. Prostitutie in de zeventiende en achttiende eeuw*, Amsterdam 1996.

Dorothy van Rijt, *Karel van Mander. Theorie en praktijk; een kritisch onderzoek naar vier schilderijen*, MA-scriptie kunstgeschiedenis Universiteit Utrecht, 2008.

H.C. Rogge, 'Een preek van Jacobus Trigland. Bijdrage tot de geschiedenis van de evangelieprediking in de Nederlandsche Hervormde Kerk', *Godgeleerde Bijdragen* 39 (1865), p. 777-796.

Verantwoording

De vertaling van Bredero's tekst is van onze hand. Om het Antwerps en Amsterdams te laten uitkomen hebben we het woordbeeld aangepast volgens wat in de inleiding onder 'Taal en spelling' is vermeld. We hebben tussen de tekst regieaanwijzingen, uitleg van de tekst en korte samenvattingen van weggelaten tekstdelen toegevoegd. Voor die vertaling, de verklaringen van de tekst en de context is gebruikgemaakt van de tekstuitgaven en studies die in *Voor wie meer wil weten* zijn opgenomen.

Illustraties

De illustraties zijn voor zover mogelijk opgenomen in overleg met de rechthebbenden. Eventuele rechthebbenden wordt verzocht contact op te nemen met de uitgever.

Amsterdam Museum, Amsterdam: 33, 67
Bata Shoe Museum, Toronto. Foto: David Stevenson en Eva Tkaczuk: 35
Bibliotheek van de Universiteit van Amsterdam, Amsterdam: 31, 63
Bijzondere Collecties, Universiteit van Amsterdam: 88
Frank Baldé, Zandvoort (www.opdatmoment.nl): 19
John Geerts, Tilburg (www.tilburgers.nl): 71
Marijke J. Blankman, Amsterdam: 12, 23, 34, 36, 51, 62
Monumenten en Archeologie, Gemeente Amsterdam: 42
Museum Rockoxhuis, Antwerpen: 14
Museum Rotterdam, Rotterdam: 71
Nederlandse Liederenbank: 39
Rijksdienst voor het Cultureel Erfgoed, Lelystad, afdeling Scheepsarcheologie: 33
Rijksmuseum, Amsterdam: omslag, 8, 17, 20, 21, 33, 37, 38, 41, 43, 44, 45, 47, 49, 55, 56, 59, 61, 66, 68, 69, 70, 75, 78, 80, 81, 91
Stadsarchief Amsterdam: 40, 42, 48
Tassenmuseum Hendrikje, Amsterdam: 51
Theatergroep De Kale. Foto: Onno F. Roozen, Amsterdam: 30
Universiteitsbibliotheek, Leiden: 35

Begrippenlijst

De cijfers verwijzen naar de pagina waar het begrip wordt toegelicht.

aalmoezenier 56
akte *zie* notariële akte
Alteratie 28
Alva *zie* hertog van Alva
ambiguïteitsdrogreden 52
ambivalentie 51
anachronisme 28
analfabetisme 59
armenhuis 48
bankroet 24
Beurs 68
bleken 17
bot 54
botmuil 16
Brabant 11
contrafact 39
contraremonstranten 53
couleur locale 91
De Eglentier 75
djellaba 67
drogreden 51
duivekater 61
dun bier 47
echte armen 55
Eglentier *zie* De Eglentier
Emden 16
evangelie 60
fictie 28
heiligenleven 60
Helicon 38
hengstewater 38
hertog van Alva 18
Het Wit Lavendel 75

historietje 81
hof 21
immigranten, immigratie 64
integratie 65
ironie 10
jonker 33
Kartuizer Herberg 42
klikkers 35
Kloveniersdoelen 40
klucht 91
komedie 91
kraag 33
leenwoord 25
Lepelstraat 14
liedboekje 31
lijkdicht 31
literaire truc 53
Lommerd 36
lommerdbriefje 36
Meir 14
mengelmoes 19
migranten, migratie *zie* immigranten, immigratie
monoloog 25
motto 88
mythologie 38
Nederduitse Academie 75
notariële akte 21
ondermouwen 15
oneerlijke armen 55
Onze-Lieve-Vrouwenbroeders 23
oude eenvoud 54
Oudemannen- en vrouwenhuis 48
pamflet 56
Parnassus 38
Phoebus Apollo 38
plakkaat 55

premisse 51
proclamatie 55
Raampoortsteiger 40
rederijkerskamer 75
remonstranten 53
Republiek 64
rozenkrans 34
schede 33
schelmenroman 10
schepenen 15
schout 15
Sefardische joden 64
Spinhuis 49
stapelmarkt 67
stereotype 25
syllogisme 51

taalpuristen 26
Tachtigjarige Oorlog 27
tragedie 91
Val van Antwerpen 64
vergelijking 20
vervilten 71
vierde wand 87
VOC 65
vrijstad 74
Waag 67
wambuis 33
WIC 65
Wisselbank 68
Wit Lavendel *zie* Het Wit Lavendel
zelfbedrog 89